생각이 많은 10대를 위한
토론 수업

생각이 많은 10대를 위한

토론 수업

김희균 지음 | 백두리 그림

나무생각

　토론을 뜻하는 영어 'debate(디베이트)'의 어원은 라틴어 'deba-ttuere(데바뚜에레)'이다. '분리'를 뜻하는 'de'와 '겨루다', '전쟁', '싸움'을 뜻하는 'battuere'의 합성어이다. 그러니까 토론은 '편을 갈라 싸운다'는 뜻이다.

　대신 주의할 게 있다. 싸우기는 하되 그 목적은 이기기 위한 것이 아니다. 토론이 시작된 것은 그리스 아테네의 민회였다. 사람들이 모여 아테네를 위해 어떤 정책이 필요한지 검토하기 위한 것이었다. 다른 사람보다 돋보이기 위함이 아니었고, 다른 사람을 굴복시키기 위함은 더욱 아니었다. 다 잘해 보자고, 잘돼 보자고 시작한 것이 토론이다.

　아리스토텔레스의 주장에 따르면, 토론을 잘하기 위해서는 세 가지가 필요하다고 한다. 바로 로고스(logos), 에토스(ethos), 파토스(pathos)다.

이 가운데 가장 중요한 것은 당연히 설득력(logos)이다. 무엇보다 말에 수긍이 가야 한다. 그러기 위해서는 공부를 많이 해야 하고, 많은 자료를 모아야 한다. 무작정 주장만 하는 게 다가 아니다. 연구를 많이 해서 정확한 근거를 제시해야 한다. 한마디로, 콘텐츠가 좋아야 하는 것이다.

그런데 그것이 끝은 아니다. 공부를 많이 한 사람의 말이라고 해서 반드시 설득력이 있는 게 아니다. 주위를 보면 알 것이다. 옳은 말을 한다고 해서 다 좋게 들리지는 않는 법이다. 그래서 두 번째로, 말하는 사람의 품성(ethos)이 중요하다. 같은 말이라도 어떤 사람 말은 이해가 더 잘되고, 더 신뢰가 가는 경우가 있다. 토론을 잘하기 위해서는 성품이 좋아야 한다. 토론 교육을 '품성 교육'이라고 하는 이유가 이 때문이다.

또 하나 중요한 것은, 듣는 사람의 심금(pathos)을 울려야 한다는 점이다. 품성 좋은 사람이 옳은 이야기를 한다고 해도 사람들과 동떨어진 이야기라면 좋은 점수를 받기 어렵다. 듣는 사람을 이해하고, 그들의 처지에 공감하면서, 현실적인 안을 제시할 때 사람들의 동의를 받을 수 있다.

이 세 가지가 잘 받쳐 줄 때 훌륭한 토론이 된다.

그런데 얼마 전에 있었던 대통령 선거에서 본 토론은 이런 토론이 아니었다.

　첫째, 내용이 공허하기 그지없었다. 깊이 생각해서 정확한 근거를 제시하는 것이 아니라 표를 얻기 위해 허망한 약속을 늘어놓는 것이 대부분이었다.

　둘째, 품격이 없었다. 말하는 사람의 품격을 높이기보다는 상대방의 인격을 깎아내리기에 급급했다. 상대방의 허물을 드러내는 것은 토론의 본질과는 아무런 상관이 없는데도 말이다.

　셋째, 청중들의 반감과 증오를 불러일으키는 데 집중했다. 상대방을 궁지로 몰아넣어 사람들이 그를 보고 조롱하게 만드는 것을 토론의 기술이라고 착각하는 것 같았다.

　이런 토론은 청소년들이 절대로 보고 배워서는 안 될 토론 중 하나였다.

　도대체 왜 이토록 저급한 토론을 하게 되는 걸까?

　이유는 간단하다. 토론의 목적을 잘못 배웠기 때문이다. 앞에서 말했듯이, 토론은 남을 이기기 위한 것이 아니다. 남을 제압하기 위한 것이 아니다. 승리를 쟁취하기 위한 것이 아니다. 토론은 우리 사회가 당면한 문제를 잘 해결하는 것이 목적이다. 토론의 상대방은 생각이 다를 뿐, 나와 같은 가치 있는 사람이다. 그는 같은 문제를 놓고 나와 함께 고민하는 동료이자 친구이며, 존경스러운 내 스승이다. 내가 조롱하고 짓밟아야 할 적이 아니다.

　이 사실을 놓치는 순간 토론은 아무짝에도 쓸모가 없는, 시간 낭비가 되고 만다.

　우리 앞에 놓인 문제가 한둘이 아니다. 이 문제들은 저절로 해결되지 않는다. 결국은 우리가 해결해야 한다. 인간은 약하기 때문에 혼자서는 답을 찾을 수 없다. 잘못 찾기도 하고, 그로 인해 인류 전체가 엄청난 고통을 겪기도 한다. 그래서 늘 반성하면서, 신중하게 지혜를 모아야 한다. 힘을 합쳐야 한다. 무엇보다 소수 의견을 잘 들어야 한다. 그래야 올바른 결정을 내릴 수 있다.

　토론을 통해서 우리가 배워야 할 것은, 어쩌면 이 아슬아슬한 위험투성이의 세상을, 그래도 열심히 살아내고자 하는, 사람에 대한 이해와 사랑이 아닐까.

　그게 없으면, 우리의 모든 공부는 위험하기 짝이 없을 것이다.

김희균

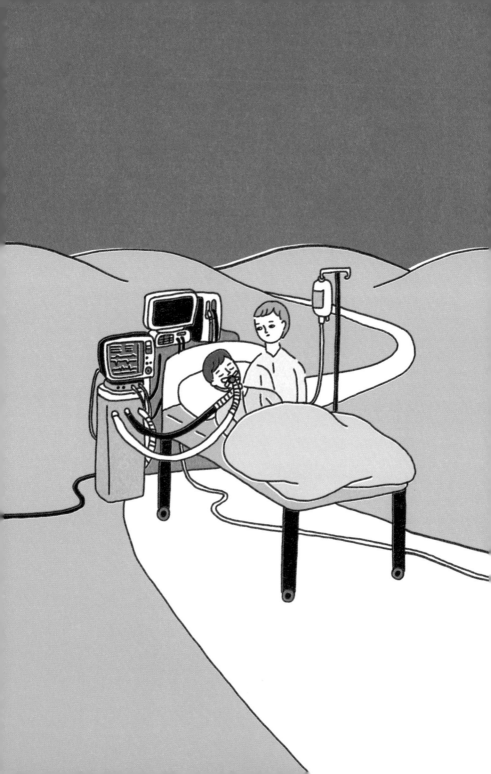

첫 번째 토론:

우리는 죽음을 선택할 권리가 있을까?

"봤어?"

힐끔힐끔 고개를 돌리며 수빈이의 눈치를 살피더니 더는 못 참겠다는 듯 재우가 물었다. 수빈이는 그 말을 듣자마자 애써 참 았던 화가 치밀었다. 그렇지 않아도 재우의 태도가 못마땅한 참 이었다. 재우와 수빈이는 단짝 친구 은솔이 집에 다녀오는 길이 었다. 몇 년째 삼총사처럼 붙어 다녔는데 그동안 은솔이가 왜 자 기 집에 대해 말하는 걸 꺼렸는지 단박에 이해가 되었다.

은솔이네는 아픈 할머니가 계셨다. 누가 봐도 오래 사실 분 같지 않았다. 더 끔찍한 것은 오랫동안 주삿바늘을 꽂고 있어 한쪽 팔이 퉁퉁 부어 있었다는 점이다. 할머니는 이따금 신음 소리를 냈다. 그것 말고는 살아 있다는 느낌을 받을 수 없었다. 벌써 3년째라고 했다.

"그냥 돌아가시는 게 낫지 않을까?"

재우는 아까부터 그 말이 하고 싶었던 모양이다. 수빈이는 매서운 눈으로 재우를 쏘아봤다. 그러자 재우는 눈길을 피하면서 변명 같지 않은 변명을 했다.

"그렇게 사실 바에야 말이지."

"안락사시키라고? 네가 뭔데? 네가 의사야?"

수빈이는 더 말을 섞고 싶지 않았다. 재우는 확실히 단순한 면이 있다. 뭔가 새로 알게 되면 바로 생각이 바뀌는 타입이다. 게다가 눈치도 없다. 그렇지 않아도 할머니 걱정이 많은 은솔이에게 "안락, 아니, 아프지 않으셔야 할 텐데."라고 민감한 말을 꺼냈다. 수빈이가 얼른 재우를 끌고 나왔지만, 은솔이 할머니에 대해서는 한마디도 나누고 싶지 않았다.

이해가 안 되는 건 재우도 마찬가지였다. 저렇게 사시는 게 과연 행복한 삶일까? 재우는 그렇지 않다는 쪽이었다. 게다가 세상을 다 아는 듯이 자기를 무시하는 수빈이가 마음에 들지 않았다.

지난번에 난민 문제로 싸운 이후 몇 달간 서먹서먹했던 적이 있어서 더는 말을 꺼내지 않을 뿐이다.

재우와 수빈이는 서로 약간의 거리를 둔 채 앞만 보며 걸었다.

'최선을 다해 보는 건 옳다. 하지만 과학적으로 확인된 사실까지 부정하면서 무작정 버티는 게 최선은 아니다. 예전에는 심장과 폐가 멈춰야만 사람이 죽는 거라고 알고 있었다. 하지만 지금은 아니다. 심장과 폐가 멈추기 전에도 사람으로서 생명이 다하는 경우가 있다. 그걸 뇌사라고 한다. 뇌가 죽으면 심장과 폐가 살았어도 사람은 죽은 거나 다름없다. 뇌는 한 번 죽으면 다시 살아나지 않기 때문이다. 이미 1960년대에 증명된 사실이다. 그러니까 뇌가 죽으면 언젠가 심장과 폐가 멈출 날만 기다리는 셈이다. 희망도 없이 목숨을 이어 가는 것이다.'

재우는 이렇게 생각했다.

한참 뒤 수빈이는 재우가 무슨 생각을 하는지 알기라도 한다는 듯이 이렇게 말했다.

"할머니는 돌아가신 게 아니야. 가족들 소리도 듣고 반응도 하고 열심히 잘 살고 계신 걸 수도 있어. 우리가 무슨 권리로 그만 사시라고 그래?"

수빈이는 아직도 화가 덜 풀린 듯 목소리 끝이 살짝 떨렸다.

재우는 일단 수빈이의 화를 달랬다.

"알아, 알지. 나는 그냥 할머니가 아프실까 봐 그랬어. 됐지?"

"주사 맞아서 아픈 거야 당연하지. 그래도 그 덕에 다른 데가 덜 아픈 걸 수도 있어."

수빈이는 조금이라도 붓기를 빼려고 할머니 옆에서 열심히 팔을 주무르던 은솔이의 모습이 떠올랐다. 그러자 더 재우의 말이 듣기 싫어졌다. 수빈이는 걸음을 빨리해서 앞서 나갔다. 그 뒷모습을 보면서 재우는 한숨을 쉬었다.

과연 은솔이 할머니에게는 무엇이 최선일까?

사람은 죽음을 선택할 권리가 있다

자연사라는 말이 있습니다. 말 그대로 자연의 법칙에 따라 죽는다는 뜻입니다. 여기에는 질병에 따른 죽음, 노환에 따른 죽음이 모두 포함됩니다.

이런 상황을 떠올려 봅시다. 90세 넘은 할아버지가 몸져누웠습니다. 워낙 연세가 많은 탓에 기력이 쇠해 바깥출입을 못 한 지도 몇 달쯤 됩니다. 게다가 요 얼마간은 일어나 앉지도 못하고 식사도 잘 못합니다. 의사의 소견이 아니더라도 돌아가실 날이 얼마 남지 않은 것을 압니다. 숨 쉬는 것도 버거워하던 할아버지가 어제는 멀리 사는 둘째 아들이 보고 싶다고 했습니다. 가족들은 멀리 있는 가족까지 모두 부릅니다. 그리고 며칠 안 되어 할아버지는 세상을 떠나셨습니다.

몇십 년 전만 해도 아주 드물지 않게 보던 장면입니다. 실제로 우리 친할머니도 이렇게 돌아가셨다는 얘기를 들었습니다.

하지만 이제 시대가 바뀌었습니다. 더는 이런 평화로운 광경을 보기 힘이 듭니다. 자연이 허락한 수명에 맞춰 평안하게 죽는 것 자체가 아주 어려운 일이 되었습니다. 의학의 발달 때문입니다. 발달된 의학 기술은 사람의 몸 가운데 가장 중요한 장기라고 생각되는 뇌와 심장과 폐, 이 세 장기가 오래 버티도록 해 줍니다. 쉽게 말하면, 죽는 데 시간이 걸립니다. 그래서 뇌사와 심폐사에 이르기 전까지 생명을 연장하고 있는 사람들이 아주 많습니다. 그게 가능한 세상입니다. 이런 상태를 법에서는 목숨을 연장하고 있다는 뜻에서 '연명 치료'라고 합니다. 살리려고 치료하는 게 아닙니다. 돌아가실 분의 생명을 '연장시킬' 뿐입니다.

2008년에 있었던 김 할머니 존엄사 재판이 바로 그런 경우였습니다. 할머니는 병원에 입원해 조직 검사를 받다가 과다 출혈로 식물인간 상태가 되었습니다. 심장과 폐가 움직이는 상태에서 인공호흡기를 한 채 버티고 있었습니다. 할머니가 깨어나 퇴원할 가능성은 거의 없었습니다. 가족들은 무의미한 연명을 중단하고 품위 있게 죽음을 맞이할 수 있도록 해 달라고 요청했습니다. 하지만 병원 측이 거부해 가족들이 소송을 제기했습니다. 대법원까지 이어진 이 재판에서 법원은 가족들의 손을 들어 주었습니다. 이것을 '존엄사'라고 합니다. 연명 치료를 위한 의료 기기는 제거하고 최소한의 진통제, 영양분, 수분만 공급합니다. 그런 다음 사망하기를 기다리는 것입니다. 여기서 한 걸음 더 나아가 진통제, 영양분, 수분마저도 끊는 경우가 있습니다. 이것은 '소극적 안락사'라고 합니다.

사람은 누구나 행복하게 죽음을 맞이할 권리가 있습니다. 존엄사 또는 소극적 안락사를 환자가 선택할 수 있도록 해야 합니다.

연명 치료는 사회적으로도 엄청난 비용이 듭니다. 수백만 원, 수천만 원의 치료비가 쌓입니다. 그건 가족들만의 책임이 아닙니다. 즉, 우리 사회가 함께 치러야 하는 비용입니다.

이를 해결하기 위해 2016년에 법이 통과되었습니다. '호스피스·완화의료 및 임종과정에 있는 환자의 연명의료결정에 관한 법률'입니다. 이 법에 따르면 의학적으로 회생 가능성이 없는 환자는 환자가 남긴 의견에 따라 연명 치료를 중단할 수 있습니다.

평화롭게 죽을 권리를 행사할 수 있게 된 것입니다.

아주 위험한 결정일 수 있다

모르는 바 아닙니다. 연명 치료가 문제가 있다는 데 동의합니다. 아무 의미 없이 목숨을 유지하는 비용으로 개인이나 사회가 큰돈을 들일 필요는 없습니다. 진통제를 맞아 가면서 희망도 없는 싸움을 하게 하는 것도 할머니에게 권할 만한 일이 아닙니다. 재우의 말이 아주 틀린 것은 아닙니다.

그런데 그걸 알면서도 마음속에서 한 가지 의문이 가시지 않습니다. 우리가 너무 문제를 쉽게 풀려고 하는 건 아닌가 하는 생각이 들어서입니다. 그냥 이렇게 중단하면 되는 건가요? 모든 사람들이 고개를 끄덕이며 "그래, 이제 돌아가신 걸로 하지."라고 결론을 내리면, 아무 빚도 남지 않고, 아무 문제도 없는 것인가요? 그런 '말끔함'이 저는 불편합니다.

엄밀히 말하면 사람은 장기가 다 멈출 때 죽는 것입니다. 옛날 사람들은 몸이 굳어져야 죽는 거라고 믿었습니다. 하지만 세상이 바뀌었기 때문에 저도 거기까지 고집하고 싶지는 않습니다. 옛날 사람들처럼 '세포가 다 죽어야 죽는다(세포사)'라고 주장하지는 않겠습니다. 그래도 최소한 뇌와 심장과 폐가 다 멈췄을 때 사람이 죽는 것이라는 '심폐사'의 원칙만큼은 유지해야 한다고 믿습니다. 억지로 뛰게 하는 것도 아니고 자기 힘으로 뇌가 돌아가고, 심장과 폐가 움직이고 있는데, 죽은 목숨이라고 하는 것은 말이 안 됩니다. 심폐사라는 기준을 버려서는 안 된다고 생각합니다.

저는 사실 뇌사도 죽음이 아니라고 생각합니다. 뇌가 죽었다고 다 죽은 게 아닙니다. 외국에서는 뇌사자가 제왕절개로 아이를 낳은 적도 있습니다. 하지만 한 번 죽은 뇌가 다시 부활할 수 없다는 사실 역시 외면할 수 없습니다. 그리고 뇌사자의 장기가 다른 많은 사람들을 살릴 수 있다는 현실도 인정합니다. 그래서 뇌사 상태에서 심장과 폐를 꺼내 장기 이식을 하는 것에는 동의합니다. 그리고 그때 사람은 심장과 폐가 멈추고 죽음을 맞게 되는 것이지요.

하지만 할머니는 다릅니다. 할머니는 뇌사자가 아닙니다. 제기준에 의하면 아직 엄연히, 살아 있는 사람입니다. 뇌사도 아니고, 심장과 폐도 자기 힘으로 뛰고 있습니다. 그런데 뭘 그만두라는 말인가요? 뭘 포기해야 할까요? 암세포가 온몸에 퍼져 더는 살 가망이 없어도 저는 살게 두어야 한다고 생각합니다. 그게 사람의 운명입니다. 당연히 아프겠지요. 하지만 아프다고 해서 사람을 죽일 수는 없습니다. 통증을 멈추게 하는 것이 우리가 할 수 있는 최선입니다. 그리고 기다리는 것이지요. 그 남은 시간을 못 참아서 성급하게 끝낼 일이 아닙니다. 물론 치료비 문제가 남을 것입니다. 하지만 죽음은 보통 그 정도의 숙제를 남깁니다. 그 숙제를 풀면서 사람들은 떠나보내는 슬픔을 견디기도 합니다. 남은 숙제가 버거워서 빨리 치르자고 할 수는 없습니다. 죽음에는 명확한 기준이 있어야 합니다. 모두가 동의하는 기준이 필요합니다. 심폐사가 현재로서는 가장 확실한 기준이고요. 맥박이 뛰고 호흡이 가능한 한 사람은 살게 두어야 합니다. 억만금이 들어도 이 사실에는 변함이 없습니다.

지금 이 환자는 죽었다고 볼 것인가, 살았다고 볼 것인가?

이 사람은 살 가치가 있는가?

우리의 치료 노력이 의미가 있을까?

그렇게 하나하나 평가하기 시작하면 아주 위험한 일이 벌어질 수 있습니다. 그래서 독일 사람들은 그런 생각 자체를 '미끄러운 비탈길'이라고 부릅니다. 갑자기 원하지 않는 속도로 확 미끄러져 내려갈 수 있다는 뜻입니다. 자칫 우리의 권한 범위를 넘는 결정을 할 수도 있습니다. 죽음은 우리가 결정할 문제가 아닙니다. 과학이 아무리 발달해도 달라지지 않는 사실입니다.

같은 생각 다른 생각

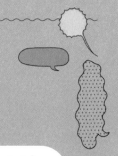

연명 치료는 살리려고 치료하는 게 아니야.
돌아가실 분의 생명을 연장시킬 뿐이지.

심장과 폐가 움직이고 있는데,
죽은 목숨이라고 하는 건 말이 안 돼!

엄청난 병원비는 어떻게 하라고!

뇌사자가 장기 기증을 하면
많은 사람들이 생명을 얻을 수 있는걸?

우리에게는 존엄사를
선택할 수 있는 권리가 있어.

은솔이네 집에 다녀온 뒤에도 수빈이의 고민은 계속되었다. 재우의 생각에는 동의할 수는 없지만 그렇다고 자신의 생각이 확실한 정답인지는 자신이 없었다. 그러던 중 우연히 교실에서 그 문제를 꺼내게 되었다.

"당연히 판단하기 쉬운 문제는 아니죠. 수빈이가 고민을 많이 한 모양이네요. 마침 선생님도 안락사 문제에 대해 고민하다가 자료를 모아 둔 게 있는데, 혹시 도움이 될지 모르겠어요."

선생님은 책상 서랍에서 자료를 꺼내며 설명했다.

"뇌사 판정이 나면 지금도 심장과 폐 등 장기를 꺼낼 수 있어요. '장기 등 이식에 관한 법률'에 그렇게 적혀 있지요. 또 법에서는 '살아 있는 사람', '뇌사자', '사망한 사람'을 구분하고 있어요. 그러니까 뇌사자는 살아 있는 사람에 속하지 않지만 죽은 사람도 아니지요. 뇌사 판정을 받은 뇌사자는 다른 사람을 위해 장기를 꺼냈을 때 진짜로 죽은 사람이 됩니다. 즉, 현행법에 의하면 뇌사는 죽음의 기준이 아니에요. 심장과 폐를 꺼내 더 이상 작동하지 않을 때 사람이 죽는 거죠. 그렇다면 심폐사도 아니고, 심지어 뇌사도 아닌데, 소생할 가능성도 없는 사람은 어떻게 할까요? 현대 의학으로 치료 가능성이 없다면요?"

"그런 경우 연명 치료를 중단하기도 한다는 거지요?"

수빈이가 물었다.

"맞아요. '회생의 가능성이 없고, 치료에도 불구하고 회복되지 아니하며, 급속도로 상황이 악화되어 사망에 임박한 상태'에 있는 환자. 이런 환자에게 의미 없는 치료를 하지 않아도 되기 때문에 치료를 중단하는 것을 '연명 치료 중단'이라고 합니다. 정확하게 말하면 다음과 같은 네 가지 치료를 더 이상 하지 않는 거예요."

선생님은 자리에서 일어나 칠판에 연명 치료 네 가지를 적었다.

심폐소생술

혈액 투석

항암제 투여

인공호흡기 착용

"전기로 심장에 충격을 가하는 심폐소생술을 시행하지 않거나, 혈액 투석을 멈추거나, 항암제를 투여하지 않거나, 인공호흡기를 떼게 되면 사람의 신체는 자기가 가진 기능만으로 버텨야 합니다. 항암제를 투여하지 않으면 시간이 지나면서 암이 퍼지게 될 것이고, 심폐소생술을 하지 않으면 몇 분 안에도 환자가 죽게 될 수 있습니다. 혈액 투석도 마찬가지예요. 투석을 멈추면 혈액 내의 노폐물을 걸러 내지 못해 위험해지지요. 2008년 존엄사를 두고 재판을 했던 김 할머니도 2009년 법원 판결을 받은 뒤 인공호흡기를 제거했고, 몇 달 후인 2010년에 돌아가셨습니다. 2016년에는 오랜 논의 끝에 '호스피스·완화의료 및 임종과정에 있는 환자의 연명의료결정에 관한 법률'이 통과되었지요. 이 법에 따르면 생전에 환자가 연명 치료를 원하지 않았거나 환자의 의사를 확인할 수 없더라도 가족 등의 진술로 그 의사를 추정할 수 있을 때는 연명 의료를 중단해도 되죠. 자, 선생님이 조사한 것은 여기까지예요."

"아, 역시 어려운 문제네요."

수빈이는 한숨을 쉬었다.

"노환 등으로 더 이상 치료가 불가능해진 분들에 대해서 치료를 중단하는 게 맞을까요? 편하게 보내기 위해 호흡기를 떼는 게 맞을까요? 정작 누워 있는 사람은 아무런 말이 없는데, 우리

가 그 사람의 사망 시각을 정해도 되는 걸까요? 여러분의 생각
은 어떤가요?"

아이들은 저마다 곰곰이 생각에 잠긴 것처럼 보였다.

'죽음'의 문제 앞에서는 아이들도 말수가 급격히 줄어들었다.

난민

두 번째 토론 :

난민은 모두 위험할까?

'사회와 문화' 시간, 재우가 준비해 온 발표 자료가 스크린에
펼쳐졌다.

"오!"

아이들의 탄성이 일제히 터져 나왔다. 뜬금없이 박수를 치는
아이도 있었다. 선생님도 적잖이 놀라는 눈치였다. 당연히 혼자
만든 게 아니었다. 전문가의 도움을 받은 티가 많이 났다.

첫머리에 다양한 재주를 부린 영상이 지나가고, 각종 테러 장
면이 지나갔다. 블록버스터 영화의 예고편 같았다.

'난민, 받아야 할까요?'

이것이 재우가 오늘 발표할 주제였다. 자신감 넘치는 재우의 설명이 시작되었다.

"900달러 루트라고 합니다. 예멘에서 출발한 난민들은 같은 이슬람 국가인 말레이시아에 3개월 무비자 입국을 합니다. 일종의 중간 기착지입니다. 거기 머무르면서 다음 행선지로 갈 비용도 마련하고요. 그런 다음 제주도행 직항 비행기를 탑니다. 그렇게 예멘에서 제주도로 오는 데 총 900달러가 든다고 합니다. 제주도 역시 한 달간 무비자 입국이 가능합니다. 난민 신청을 하기만 하면 '난민 신청자'의 지위를 받아 취업해 일도 할 수 있습니다. 예멘 사람들에게는 아시아에서 가장 좋은 대접을 해 주는 곳이 바로 우리나라입니다."

매끄럽게 설명을 이어 가던 재우는 이 대목에 이르자 얼굴이 약간 상기되었다.

"이들이 특별히 위험한 사람들이거나 범죄를 저질렀다고 단정할 수는 없습니다. 국제법에 따라 적법하게 난민 신청을 하러 온 사람들이고…….."

나름 준비를 많이 해 온 듯 재우의 설명은 대체로 매끄러웠다. 발표 자료만 잘 만든 게 아니라 내용도 아주 충실했다. 그때까지는 아무도 토를 달지 않았다. 그런데 갑자기 두 번째 줄에 앉은 은솔이의 손이 올라갔다. 궁금한 게 있으면 못 참는 아이! 그래서 늘 반에서 1, 2등을 다투는 아이였다. 은솔이는 재우가 발언 기회를 주기도 전에 불쑥 이의를 제기했다.

"신문에서 보니까 난민 중 일부는 카트를 복용하고 있었다고 하던데요?"

반에 있던 누구도 은솔이의 말을 제대로 이해하지 못했다. 특히 재우는 무슨 말인지 못 알아들은 게 틀림없어 보였다.

"카트요? 무슨 말인지…… 카트?"

"마약 말이에요. 예멘 사람들은 카트라는 마약을 많이 먹는 걸로 알려져 있는데, 그건 범죄 아닌가요?"

은솔이의 날카로운 질문에 많은 아이들 눈이 휘둥그레졌다. 재우는 준비해 온 자료를 급히 훑었다. 하지만 딱히 할 말이 생각나지 않는 듯했다.

'그런 얘기는 못 들어 봤는데.'

재우의 얼굴이 점점 더 붉어졌다.

그때였다. 뒤쪽에 앉아 있던 수빈이가 차분한 목소리로 대답했다.

"예멘에서 온 난민 신청자들이 카트를 소지하고 있었다는 증

거는 없습니다. 그들이 올린 SNS 게시물에 카트를 복용하는 모습이 찍혀 있었을 뿐입니다."

아이들이 일제히 수빈이 쪽으로 고개를 돌렸다. 수빈이는 그런 시선에는 아랑곳없이 은솔이를 마주 보았다. 은솔이는 수빈이의 등장이 싫지 않은 눈치였다. 재우를 포함한 모든 아이들이 두 사람을 번갈아 쳐다보았다. 우리 반 1등과 2등의 토론이 시작된 것이다. 선생님은 흐뭇한 표정으로 이 광경을 지켜보고 있었다. 은솔이가 대답했다.

"지금 들고 오지는 않았겠죠. 하지만 예멘 사람들이 한국 땅에 온다고 해서 하루아침에 카트를 끊을 수 있을까요? 수백 년도 넘은 그들의 기호 식품이고, 그들 중 많은 수는 카트 없이 못 산다고 하던데요?"

"마약으로 지정돼서 들여오지도 못하는 카트를 한국에서 무슨 수로 먹겠습니까?"

"직접 심을 수 있지 않을까요?"

"그런 확인되지 않은 우려 때문에 난민 수용을 무조건 반대할 수는 없지 않나요?"

두 사람의 논쟁은 한 치도 기울지 않았다. 반 아이들은 도대체 무엇이 문제인지조차 모르는 듯 두 사람의 입만 쳐다볼 뿐이었다. 이 상황에서 가장 곤혹스러운 것은 재우였다. 재우의 발표가 관심에서 점점 밀려나고 있었다.

난민 수용을 찬성하는 수빈이와 반대하는 은솔이가 카트라는 쟁점에서 부딪친 것이 흥미로웠다. 카트는 남아메리카의 코카 잎과 같은 각성 물질이다. 15세기 예멘에 수입돼서 많은 사람들이 씹어 먹거나 물에 타 먹는 기호 식품이 되었다. 그런데 문제는 예멘에서는 식품이지만 우리나라를 포함한 많은 나라에서 그것이 마약이라는 사실이다. 난민들과 함께 카트가 들어오기 시작하면 급속도로 퍼질 수 있다. 은솔이는 그 점을 지적한 것이다.

그뿐만이 아니었다. 은솔이와 수빈이는 생각이 달라도 너무 달랐다. 두 사람의 논쟁을 듣고 나서야 아이들은 난민 문제가 아주 복잡하게 얽힌 실타래라는 점을 이해할 수 있었다. 역시 우리 반 1, 2등은 다르다! 아이들 중 몇몇은 그런 생각을 하면서 고개를 끄덕였다.

진짜 난민이 아닐 수도 있다

예멘과 우리나라 사이에는 수십 개의 나라가 있습니다. 그런데도 예멘 청년들이 우리나라로 오는 이유는 간단합니다. 우리나라만 그들을 받기 때문입니다. 2000년까지 단 한 명의 난민도 받지 않던 우리나라는 21세기 들어 난민을 받아들이기 시작했고, 금세 예멘까지 소문이 나 버렸습니다. 예멘 사람들에게 우리나라는 너무나 매력적인 선택지입니다.

제주도가 특히 그렇습니다. 무비자 입국이 가능하기 때문에 일단 한 달은 버틸 수 있습니다. 그동안에 난민 신청을 합니다. 그러면 '난민 신청자'가 됩니다. 난민 신청자에 대해서는 6개월간 생계비, 주거, 의료 지원을 해 줍니다. 본인뿐만 아니라 가족도 우리 국민과 같은 수준의 초등 교육과 중등 교육을 받을 수 있습니다. 난민 신청만 했는데도 그렇습니다. 난민 인정이 되면 당연히 우리나라에서 살 수 있게 해 줍니다.

여기서 끝이 아닙니다. 설령 난민 인정이 되지 않는다고 해도 바로 쫓겨나는 게 아닙니다. 왜 난민 인정을 안 해 주느냐고 다

투는 동안 우리나라에 체류할 수 있습니다. 그 기간만도 3~4년 정도 됩니다. 그동안은 마음 놓고 살 수 있습니다. 최종적으로 난민 인정이 안 된다고 해도 '인도적 체류'라는 제도가 있습니다. 난민은 아니지만 인도적인 관점에서 체류 자격을 주는 것입니다. 그것만 받아도 우리나라에 취업해서 살 수 있습니다.

무슨 일을 할 것인지는 걱정할 필요가 없습니다. 외국인들이 많이 모이는 곳에 가면 어디나 직업소개소가 있고, 많은 일자리가 있습니다. 이런 걸 알기 때문에 우리나라에 오는 것입니다. 인도적 체류자조차 되지 않으면, 그때 가서 미련 없이 우리나라를 떠나면 됩니다.

이들이 우리나라에 들어오면 뭐가 문제일까요? 이들이 진짜 난민이 아닐 수 있다는 게 문제입니다. 난민이란 '인종, 종교, 국적, 신분, 정치적 견해를 이유로 박해를 받는 사람들'입니다. 하지만 그게 아니라면요? 박해 때문에 우리나라로 도망 오는 게 아니라면요? 그냥 일자리를 찾아 우리나라에 오는 거라면요? 휴대 전화 하나씩 들고 여행 오듯이 오는 건장한 젊은이들이라면요?

그런 젊은이들에게까지 난민 협약 의무를 이행할 필요가 있을까요? 게다가 그들이 가지고 있는 여권이나 여행 허가서가 위조

된 것일 수도 있습니다. 유럽에서는 난민 신청자 중 90퍼센트가 시리아 여권을 들고 있다는 보고가 있습니다. 시리아 국적인 것처럼 속였지만 실제로는 다른 이유로 살기 좋은 곳을 찾는 사람들일 수 있고, 심지어 테러리스트일 수도 있습니다. 이들은 우리와는 문화적 배경과 언어, 관습이 다릅니다. 굳이 동쪽 먼 곳에 있는 우리나라가 그들의 피난처를 자처할 이유는 없다고 생각합니다.

우리는 세계의 문제에 눈감을 수 없다

먼저 우리만 난민을 받는다는 말은 사실이 아닙니다. 우리는 난민 신청도 그렇게 많지 않고, 인정되는 비율도 낮습니다. 2016년 예멘 출신 난민 신청자 현황만 봐도, 예멘 사람들이 어디에 가고 싶은지, 누가 받아 주는지 바로 알 수 있습니다. 예멘 난민 신청자가 가장 많은 나라는 요르단(3,731명), 이집트(2,482명) 등입니다. 같은 해 우리나라에 난민 신청한 예멘 사람은 92명밖에 되지 않습니다. 2018년에 이집트 무비자 입국이 허용되지 않으면서 제주도로 오는 예멘 난민이 일시적으로 많아졌을 뿐입니다.

난민 신청 조건에 나이는 없습니다. 성별도 물론 없습니다. 남자일 수도 있고, 여자일 수도 있고, 어린아이일 수도 있습니다. 우리는 그들의 신청을 받을 의무가 있습니다. 신청을 받고 허가를 안 해 줄 수는 있지만 신청 자체를 거부할 수는 없습니다. 우리 역시 국제법 질서 속에 살고 있기 때문입니다.

둘째로 그들이 위조 여권을 들고 있다고 해도 그것 역시 논점이 아닙니다. 그건 가려내야 하고, 우리 출입국 관리 체계에서

가려낼 수 있는 일입니다. 가려낸 다음 공문서인 여권을 위조하고 사용하려고 한 것에 대한 합당한 처분을 내리면 됩니다. 몇 장의 위조 여권이 나왔다고 해서 난민 신청 제도 자체를 없앨 수는 없습니다.

난민 신청을 한다고 해서 모두 난민으로 인정받는 것도 아닙니다. 난민 신청을 받은 후 우리나라가 난민으로 인정하는 비율은 2~3퍼센트를 넘지 않습니다. 수백 명, 수천 명씩 받는 게 아닙니다. 기껏해야 몇십 명입니다.

캐나다는 난민 신청자 가운데 60퍼센트를 받아 준다고 합니다. 사실은 그게 맞는 말이고, 그게 정상입니다. 난민 협약은 요건이 까다롭지 않습니다. 은솔이 말대로 인종, 종교, 국적, 신분, 정치적 박해 등 5대 박해를 피해 온 것만 증명하면 됩니다. 그러면 난민이 되는 것입니다. 그런데 우리는 캐나다처럼 하지 않습니다. 훨씬 까다롭습니다. 입국도 못 하고 공항에서 아예 돌려보내는 경우도 많습니다. 우리 난민 심사 제도는 절대 호락호락하지 않습니다.

인도적 체류도 마찬가지입니다. 인정 비율이 아주 낮습니다. 100명이 신청하면 대여섯 명만 받아 줍니다. 인도적 체류 자격을 얻는다 해도, 우리나라에서 취업할 수 있다는 자격 규정만 적

용됩니다. 불법 체류자가 되지 않을 뿐이지, "여기 와서 같이 삽시다."라고 문을 활짝 열어 주는 게 아닙니다.

그럼에도 왜 우리는 난민으로 인해 엄청난 피해를 보는 것처럼 호들갑을 떠는 것일까요? 난민이 들어오면 반목과 테러가 가득한 나라가 된다고 생각할까요? 그들이 낯설기 때문입니다. 익숙하지 않기 때문입니다. 혹시 범죄자들이 섞여 있을까 봐, 또는 말이 안 통해서, 못마땅하고 무섭기 때문입니다. 우리끼리 조용히 살고 싶은데, 자꾸 이상한 사람과 섞일까 봐 불편하기 때문입니다.

하지만 피할 수 없습니다. 피할 수 있는 문제가 아닙니다. 난민에 대한 문호를 지금 와서 닫을 수는 없습니다. 우리는 국제 사회의 책임 있는 국가 중 하나입니다. 우리는 국제 사회에서 우리 생각보다 중요한 나라입니다. 세계 경제 순위에서 10위 안에 있고, 얼마 전에는 유엔무역개발회의에서 선진국 그룹에 올라섰지요. 영국이나 독일, 프랑스, 이탈리아와 같이 난민 문제를 나누어 지고 갈 수밖에 없습니다. 국제화 시대가 아니면 안 해도 됐을 일입니다. 경제적으로나 문화적으로 인지도가 높아져서 생긴 일이며, 우리가 치러야 하는 비용이기도 합니다. 세계 여러 나라에 우리 물건을 수출하듯이, 우리는 세계의 문제에 눈을 감을 수 없습니다.

우리가 시급히 대비해야 할 것은 그들로 인해 우리 사회가 되도록 피해를 보지 않게 하는 것입니다. 정착하고 체류하되, 문제를 일으키지 않도록 해야 합니다. 그것이 더 중요합니다.

같은 생각 다른 생각

우리나라가 너무 쉽게 난민을 받아 주는 거 아냐?
뉴스 보니 제주도에 엄청 왔던데.

우리가 난민 때문에 피해 보는 게 뭔데?

난민들이 가지고 있는 여권이
위조된 것일 수도 있고…… 왠지 무서워.

이제 우리나라도 선진국인데
국제 사회에서 그에 맞는 일을 해야지.

받아들이되 피해가 생기지 않도록
보완하면 되지 않을까?

어떻게 생각하나요?

　재우는 어느새 자기 자리에 들어와 앉았고, 재우가 남겨 놓은 발표 자료 화면에서 나이 어린 여자아이가 공포에 질린 모습으로 우리를 쳐다보고 있었다. 선생님의 설명이 시작되었다.

　"유칼립투스라는 호주산 나무가 있습니다. 아프리카 땅에서 나무가 잘 자라지 못하니까 유칼립투스를 아프리카로 옮겨 심었습니다. 다행히 유칼립투스는 잘 정착을 했는데, 문제가 생겼습니다. 잘 자라는 유칼립투스를 심기 위해 아프리카 토종 식물을 베어 버리는 경우가 생겼어요. 난민이 너무 많이 들어오는 건 안 된다고 말하는 사람들은 이런 상황을 빗대어 이야기합니다. 난민 때문에 우리가 살지 못하게 될까 봐 겁내고 있는 것입니다. 지금 유럽이 그렇습니다. 영국이 유럽 연합을 탈퇴한 브렉시트의 원인 중 하나가 난민 문제라는 얘기도 있습니다."

　은솔이는 눈을 반짝이며 선생님을 쳐다보았다. 선생님은 설명을 이어 갔다.

　"반대로 난민을 받아들이자고 주장하는 쪽에서는 사람을 구해야 한다는 점을 강조합니다. 난민은 박해를 피해서 남의 나라에 온 사람을 말합니다. 여기에는 신분으로 인한 박해도 포함됩니다. '여성'이라는 이유로 고통을 당하는 사람들이 있습니다. 어린 나이에 강제 결혼에 내몰리거나 여성 할례를 당하기도 합니다. 관습이지만 폭력이고 인권 유린입니다. 이런 피해를 보는 아이들이 1년에 2억 명가량 된다고 합니다. 이 아이들을 구해야 할 책임이 있다고 믿는 것입니다. 자, 여러분 생각은 어떤가요? 캐나다처럼 난민을 적극적으로 받아 주는 게 맞을까요, 아니면 유럽이나 일본처럼 문호를 더 닫는 게 맞을까요? 난민 문제를 이유로 할례 같은 남의 나라 문화나 관습에 너무 깊이 개입해도 되는 걸까요? 박해를 받는 사람들을 우리가 나서서 구할 의무가 있을까요? 아니, 기본적으로 박해를 받은 사람들은 남의 나라에 가서 살 권리가 있을까요? 우리는 그걸 인정해 주어야 할까요?"

선생님은 마지막으로 재우를 보면서 환하게 웃었다.

"재우가 오늘 우리에게 던지는 질문입니다."

재우는 계속 뒷머리를 긁어 댔다. 그 너머로 재우가 남겨 둔 화면 속에서 난민 어린이의 눈빛이 우리를 물끄러미 쳐다보고 있었다.

세 번째 토론 :

젠더를 위한
가족은 없을까?

재우는 새로운 고민이 하나 생겼다. 초등학교 때부터 늘 붙어 다니는 친구 상수 때문이다. 가족끼리도 다 아는 사이라 시험 때 는 상수네 집에서 같이 자기도 했다. 그러다가 사건이 터졌다. 중간고사 기간에 같이 공부를 하다 잠이 들었는데, 새벽녘에 추 워서 이불을 찾다가 옆에서 자고 있던 상수를 껴안은 것이다. 낯 선 느낌에 잠이 깼는데 기분이 너무 이상했다.

'이거 뭐지?'

재우는 자고 있는 상수의 얼굴을 힐끔 쳐다보았다. 뭐가 좋은

지 히죽거리는 표정 때문에 더욱더 징그러웠다. 재우는 얼른 반대로 돌아누우면서, '앞으로 잠은 집에 가서 자야지.'라는 생각을 했다. 다음 날 아침, 밥 먹고 같이 가자는 상수의 손을 단호하게 뿌리치고 먼저 상수네 집을 나섰다.

며칠 서먹서먹하게 지내다가 오늘 하굣길에 다시 그날이 생각난 것은 재우와 상수 앞으로 걸어가는 커플 때문이었다. 외국인 아저씨 커플이었다. 상수도 재우와 같은 생각을 한 것인지 재우 옆구리를 쿡쿡 찔러 댔다. 재우는 그 손길이 너무 끔찍해서 자기도 모르게 욕이 튀어나왔다. 상수는 아랑곳없이 마냥 즐거운 눈치였다.

"손을 꼭 잡고 간다, 야!"

"쉿! 들려!"

재우는 상수를 보면서 눈에 힘을 주었다. 상수는 모자란 아이처럼 계속 싱글벙글이었다.

그런데 또 하나 이상한 점이 있었다. 동성 커플은 몇 번 본 적이 있는데, 이 커플은 둘이 아니었다. 바로 옆에 어린아이가 한 명 더 있었다. 맞다. 가족이었다. 얼굴은 못 봐서 모르지만, 머리카락은 다 검은색이었고 인종이 다른 것 같지도 않았다. 재우는 잘 이해가 되지 않았다.

'입양을 했나?'

그런 재우의 생각을 읽기라도 한 것처럼 상수가 작은 소리로 속삭였다.

"부부다, 부부!"

"부부?"

"그래, 부부 맞잖아? 왼쪽이 엄마, 오른쪽이 아빠."

"뭐?"

재우는 늘 그렇듯이 상수의 단순한 결론에 기가 찼다.

"오른쪽에 있으면 다 아빠냐?"

상수는 재우의 말에는 대꾸도 없이 그 '가족'에게 점점 더 다가갔다. 재우는 얼른 상수의 뒷덜미를 낚아채서 골목길로 방향을 틀었다.

"왜 그러세요, 허니? 우리, 이리로 갈까요?"

상수의 장난이 다시 시작되었다.

며칠 후 토론 시간, 상수와 재우, 은솔이와 수빈이가 둘러앉았다. 토론 주제는 '동성 결혼'이었다. 유럽 여러 나라에서는 이미 동성 결혼이 법제화되어 있다고 했다. 우리나라도 그렇게 할 것인지, 그게 주제였다. 재우는 상수와 같이 봤던 커플 생각에 심기가 편치 않았다. 상수도 같은 장면을 떠올리는지 연신 히죽거렸다. 하지만 은솔이와 수빈이는 아주 진지하고 날카로웠다. 생뚱맞게도 두 사람은 자유에 관한 논쟁을 벌이고 있었다. 먼저 말을 꺼낸 건 수빈이였다.

"혼인의 자유가 있잖아? 혼인을 할지 말지, 한다면 누구랑 할지 선택할 자유 말이야."

은솔이는 수빈이가 무슨 말을 하려는지 잘 안다는 듯이 고개를 끄덕였다. 수빈이는 더 이상 부연 설명은 필요 없다고 생각했는지 바로 결론으로 들어갔다.

"누구랑 가정을 이루느냐 하는 건 자유라고 생각해. 남자든, 여자든."

은솔이는 잠깐 사이를 두면서 반박할 논점을 찾았다.

"그러면 한 사람이 여러 사람하고 사는 것도 괜찮아? 일처다부제 말이야."

"그건 안 되지. 그러면 우리가 가지고 있는 결혼 제도, 가족 제도가 무의미해지니까."

"그럼 일대일이기만 하면 남녀는 상관없다는 얘기야?"

"그렇지."

"그럼 이제부터 결혼 제도는 가족 제도와 분리되는 거네? 동성 결혼으로 아이를 낳을 수는 없을 테니까. 가족 없는 결혼도 가능한 거야, 그럼?"

은솔이의 말은 비아냥거림으로 들릴 수도 있었다. 하지만 수빈이는 기분 나빠하기보다는 오히려 그런 논쟁을 더 즐기는 듯했다.

둘이 열띤 토론을 시작하면 상수와 재우는 늘 뒷전이었다. 사실 상수는 둘 사이에 무슨 다툼이 있는 건지 도통 모르는 표정이었고, 재우는 늘 그렇듯이 감탄만 할 뿐이었다.

'애들은 평소에 무슨 책을 읽는 거지?'

재우는 둘을 번갈아 보면서 어느 쪽 말이 맞는지 감을 잡으려고 애를 썼다.

동성 결혼은 시기상조다

남성으로 태어나서 여성이 아니라 남성을 더 좋아하는 사람이 있다는 것을 잘 알고 있습니다. 그 반대의 경우가 있다는 것도 압니다. 파트너를 선택할 자유, 결합의 자유? 당연히 인정합니다.

제가 말하고 싶은 것은, 결합, 즉 동거와 결혼은 다르다는 점입니다. 같이 살기로 합의해서 같이 사는 게 결합이라면, 결혼은 결합과는 다른 의미가 있습니다. 현재 우리 사회에서의 결혼은 '양성 평등'을 기초로 합니다. 즉, 성(性)이 다른 사람 간의 결합만 결혼으로 보장하고 있는 것입니다. 그래서 결혼은 가족 제도와 연결됩니다. 결혼을 통해서 아이를 낳고 가족이 생깁니다. 결혼은 당사자 둘만의 문제가 아니라고 얘기하는 이유가 그것입니다. 아이와의 관계를 필연적으로 예정하고 있다는 뜻입니다.

동성이 같이 살면서 "우리의 결합을 인정해 달라."라고 하면 얼마든지 인정할 수 있습니다. "당신들은 같은 성별이니까 떨어져 사세요!"라고 말하는 게 아닙니다. 얼마든지 같이 살 수 있습니다. 하지만 그걸 '결혼'으로 인정해 달라고 하는 건 차원이 다른 문제입니다. 결혼으로 인정하는 순간, 한쪽은 아빠가 되고 한쪽은 엄마가 되어야 합니다. 그리고 원한다면 그 안에 아이가 있는 것도 인정해야 합니다. 그런데 아이는 어디서 데려와야 할까요?

첫째, 입양을 생각해 볼 수 있습니다. 그냥 혼자서 입양하는 게 아니라 엄마, 아빠의 자격에서 아이를 공동으로 입양하는 것을 말합니다. 과연 이걸 인정해야 할까요. 입양된 아이는 태어날 때 정해진 성을 가지고 있습니다. 그리고 다른 집처럼 엄마는 여성, 아빠는 남성이라고 알고 있습니다. 당연히 자신의 엄마, 아빠와 다른 친구들의 엄마, 아빠를 비교하게 될 것입니다. "우리는 달라. 우리는 이쪽이 아빠고, 이쪽이 엄마야."라고 말해야 하는데, 그때 아이가 겪을 수밖에 없는 성 정체성의 혼란을 누가 책임질 수 있을까요? 아이가 sex(태어날 때 정해진 성)와 gender(살면서 본인이 인식하는 성)의 차이를 이해할 수 있을까요?

둘째, 입양이 아니라 결혼한 부부로서 자신들의 아이를 원한다면 얘기는 훨씬 더 복잡해집니다. 여성 커플은 다른 남성의 정자를 가져와야 하고, 남성 커플은 다른 여성의 자궁을 빌려야 합니다. 둘이 아니라 셋이 관여해서 한 아이가 태어날 수밖에 없습니다. 이렇게 아이를 낳고 가족이 되는 것을 인정해야 할까요? 오늘날 유럽의 여러 나라가 고민하고 있는 문제입니다.

이런 문제들 때문에 결합과 결혼은 달리 생각해 보아야 합니다. 저는 우리가 유지하고 있는 제도하에서 동성 결혼은 시기상조라고 생각합니다.

사람은 좋아하는 사람과 같이 살 권리가 있다

젠더 없이 섹스만 있는 사회, 남성과 여성으로 고정되어 있는 사회는 당연히 안정감을 줍니다. 다양한 젠더가 존재한다는 것, 동성끼리 부부가 되는 것, 당연히 이해하기 쉽지 않고, 불안해 보입니다. 우리가 오래도록 남녀 부부의 모습에 익숙해졌기 때문입니다. 하지만 그렇다고 해서 태어날 때 정해진 남성과 여성 속에 사람을 가두어 둘 수는 없습니다. DNA가 그대로이더라도, 사람은 다양한 생각을 하고, 다양한 욕구를 가집니다. 그게 가두어질 수 있다고 생각하는 것 자체가 사람에 대한 몰이해의 결과입니다. 100명의 사람이 있다면, 100명이 다 다릅니다. 태어날 때 정해진 대로 남성은 여성만 좋아하라고 말할 수는 없습니다. 그게 안 되는 사람도 얼마든지 있으니까요.

결혼을 하면 아이를 낳아야 하고 동성 결혼은 가족 제도와 충돌한다고 주장하는데, 그건 현실을 제대로 보지 않은 주장입니다. 결혼을 하고도 아이를 낳지 않는 부부가 있는가 하면 결혼을 하지 않고 아이를 낳는 커플도 있습니다. 결혼과 출산, 가족을 무조건적으로 연결시키는 것은 문제가 있다고 생각합니다.

문제는 차근차근 풀어야 합니다. 먼저, 우리는 동성이 같이 사는 것을 인정하나요? 그것부터 해결해야 합니다. 은솔이는 조금 전에 결혼이 아닌 결합은 괜찮다고 했는데, 실제는 아닙니다. 우리나라 법은 동성이 법적으로 결합(동거)하는 것조차 인정하지 않습니다. 그런 상태에서 동성 결혼은 가족 제도와 충돌한다고 말하는 것은 동성 결혼이 문제니까, 동성 결합도 안 된다고 문제를 미리 끊어 버리는 것밖에 되지 않습니다.

동성 결합은 부정할 방법이 없습니다. 좋아서 같이 살겠다는데 그걸 어떻게 막습니까? 그런 전제에서 동성 결혼을 인정할 것인지 정하면 됩니다. 미국 매사추세츠주에서 동성 결혼이 법제화된 게 2004년입니다. 먼저 제도를 만들고 시행한 나라에서 일어난 사례를 참고해 동성 결혼의 가능성을 타진해 보면 됩니다. 미국에서도, 유럽에서도, 가까운 대만에서도, 동성 결혼은 불법이 아닙니다. 나와 다르니 이상해 보일지 몰라도, 사람의 몸과 마음이 움직이는 것을 막을 도리가 없었던 것입니다.

그다음에 가족 제도에 대한 고민이 필요합니다. 동성 결혼이 법제화되면 당연히 가족 제도도 이전과는 다른 모습으로 수정될 수밖에 없습니다. 아이가 있는 가족도 있고, 아이가 없는 가족도 있습니다. 자기 아이가 있는 가족도 있고, 남의 아이를 입양해 이루어진 가족도 있습니다. 다양한 가족 제도에 대한 모색이 가능한 것입니다.

문제는 이렇게 하나하나씩 푸는 게 맞습니다. 그리고 그 과정에서 절대로 잊지 말아야 할 명제가 있습니다. 결국 모든 고민의 시작은 이것입니다. 사람은 평생을 같이할 사람을 선택할 자유가 있다는 것이지요.

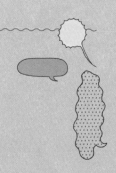

같은 생각 다른 생각

어떻게 동성끼리 좋아할 수 있지?
징그러워!

우리는 누구나 사랑하는 사람과
함께 살 권리가 있어.

유럽에서는 이미 동성끼리의 결혼이
법제화된 곳도 많아.

동성끼리 결혼해 아이를 입양하면
그 아이는 어떻게 되는 거야?

어떻게 생각하나요?

은솔이와 수빈이의 토론에 재우는 머리가 멍할 지경이었다. 뒤에서 보고 키득거릴 줄만 알았지, 그 커플들이 이런 엄청난 고민을 하고 있을 줄은 상상도 못 한 것이다.

토론이 끝나고 여느 때처럼 선생님의 설명이 이어졌다.

"유럽의 여러 나라들은 이미 아주 오래전부터 결혼 제도가 많이 느슨해져 있었어요. 결혼하지 않고 같이 사는 '동거'도 많았고요. 그걸 사회적으로 인정하고 있었지요. 이렇게 결혼이 아니라 두 사람 간의 결합을 중시하는 나라에서는 아이는 필요하면 입양하면 된다는 생각을 많이 합니다. 둘이 만나서 가족을 이루는 게 그곳에서는 엄청나게 까다로운 문제가 아닌 거지요. 두 사람이 같은 성이라고 해도 마찬가지입니다. 벌써 10년이나 지난 2011년 통계를 보면 프랑스에는 총 10만 명이나 되는 동성 커플이 있었다고 해요. 그리고 그 사람들과 같이 사는 아이들도 1만 명이나 되었고요. 프랑스는 이들의 존재를 무시할 수 없었습니다. 그래서 동성 결혼을 인정하게 된 거지요. 2018년 프랑스 통계청이 내놓은 기록에 의하면 26만 명의 동성 커플이 있고, 3

만 2천 명의 아이들이 가족으로 같이 살고 있습니다. 그런데 생각할 볼 문제가 한 가지 더 있습니다. 두 사람이 다른 사람의 아이가 아니라 자신들의 아이를 낳고 싶어 한다는 겁니다. 인공 수정, 체외 수정과 같은 의학 기술이 발달해서 그게 완전히 불가능한 일이 아닌 세상이 되었거든요. 즉, 동성 커플도 생식 의료 보조를 이용할 수 있느냐 하는 게 현재 유럽에서 논의되고 있는 문제입니다. 벌써 많은 나라가 '그렇다'라고 대답을 하고 있고요."

'인공 수정!'

재우는 왠지 오싹한 기분에 몸을 살짝 떨었다. 아까 본 검은 머리의 그 아이가 생각이 났다. 선생님은 재우를 보고 빙긋 웃으면서 말했다.

"우리는 유럽과 많이 다르죠. 우리는 아직도 결혼 – 출산 – 가족 – 친족, 이렇게 단단하게 연결되어 있잖아요. 자, 여러분의 생각은 어떤가요? 우리도 동성 결혼을 인정하는 게 맞을까요? 아니면 아직은 시기상조인 걸까요? 만약 인정한다면 공동으로 아이를 입양하는 것도 인정할까요? 생식 의료 보조를 이용하는 것도 인정할까요? 동성 결혼이라는 문제를 조금 더 넓은 시각에서 잘 생각해 보기 바랍니다."

남자와 여자가 첨단 의료 기술을 이용해서 아이를 낳는 것을 생식 의료 보조 또는 생식 보조 의료라고 한다. 이런 기술을 사용하는 한이 있어도 이 사람과 살고 싶고, 아이를 낳아 함께 기르고 싶다는 뜻이다.

그런 사람이 같은 남자일 때 나라면 어떻게 해야 할까? 재우는 상상만으로도 머리가 깨질 것 같았다.

네 번째 토론:

개 식용의 문제를
어떻게 풀까?

재우는 엄마한테 듣는 잔소리는 초등학교 때부터 이골이 났다. "씻어라!", "공부해라!", "방 좀 치워라!", "그만 자라!" 등등. 자주 듣기도 하고, 틀린 말도 아니어서 웬만한 건 다 그러려니 한다. 그런데 잔소리는 아니지만 딱 한 가지 정말 듣기 싫은 게 있다.

"음식물 쓰레기 좀 버리고 와라!"

보통은 엄마가 다 하는데 가끔 재우를 시킬 때면 지금도 '욱!' 하고 구역질이 난다. 예전에 한번 쓰레기를 버리다가 윗주머니에 꽂아 둔 휴대 전화를 빠뜨린 적이 있는데, 그걸 꺼내느라고 음식물 쓰레기통에 비닐장갑 낀 손을 푹 집어넣었다. 그 끔찍한 느낌을 지금도 잊을 수가 없다. 지독한 냄새도.

오늘 토론 주제는 그 정도의 관련성 말고는 그저 시큰둥한 것이었다. 선생님은 '어떻게 하면 음식물 쓰레기를 줄일 수 있을까?'를 주제로 아이들의 의견을 물었다. 아이들은 물론이고 묻는 선생님도 그다지 흥이 나지 않는 것 같았다. 몇몇이 선생님의 눈길을 견디다 못해 손을 들었지만 내놓은 답은 음식점에 쓰여 있는 홍보 문구를 되뇌는 정도였다. 그런데 은솔이의 얘기를 기점으로 토론 방향이 전혀 생각지도 못한 곳으로 튀고 말았다. 은솔이는 우리나라 음식 문화의 특성상 음식물 쓰레기가 많이 나올 수밖에 없다는 점을 얘기하다가 갑자기 이런 말을 꺼냈다.

"도무지 감당 못 할 정도의 양이 나옵니다. 수백만 마리에 이르는 식용 개가 이를 처리해 주지 않았다면 국토 전체가 음식물 쓰레기에 뒤덮이고 말았을 겁니다."

재우는 졸린 눈이 번쩍 뜨이는 느낌이었다.

'오잉! 식용 개?'

재우는 한 번도 들어 본 적이 없는 얘기였다. 음식물 쓰레기는 돼지한테나 먹이는 줄 알았는데, 그걸 개한테 준다고? 그리고 그런 개가 수백만 마리라고? 우리나라에?

둘러보니 다른 아이들 반응도 비슷했다. 다들 토끼눈을 뜨고 은솔이와 선생님을 번갈아 보았다. 선생님도 그제야 입가에 쓴 웃음을 띠면서 고개를 끄덕거렸다.

"은솔이 말이 맞습니다. 음식물 쓰레기를 잘게 부순 '짬'이라는 것을 개 농장 식용 개에게 먹입니다. 개 농장 주인들은 음식물 쓰레기를 수거해 가는 대가로 돈도 받고 음식물 쓰레기 수거 업체는 싼값에 처리할 수 있지요. 이럴 때 누이 좋고 매부 좋다고 하나요?"

재우를 포함한 아이들이 바싹 흥미를 느꼈다. 그걸 감지했는지 선생님은 토론 주제를 아이들이 좋아할 만한 방향으로 슬쩍 바꾸었다.

"개는 원래 사람이 먹는 걸 같이 먹습니다. 제가 어릴 때는 먹고 남은 음식을 주고 그랬습니다. 하지만 그게 절대로 개한테 좋은 게 아닙니다. 사람 음식에 든 염분이 개한테는 너무 과한 거라서 장염을 일으킵니다. 게다가 음식물 쓰레기는 대개 상한 음식입니다. 그걸 먹은 개가 건강할 리 없고, 그 개고기를 먹는다고 할 때 우리 몸에 좋을 리도 없지요. 그런데 우리나라에는 개고기 생산과 유통에 종사하는 사람이 150만 명이나 됩니다. 좋지 않은 고기가 엄청나게 유통되고 있다는 뜻입니다."

점입가경이었다. 어떤 아이들은 침을 꼴깍 삼키기도 했다. 선생님은 잠시 뜸을 들이다가 차분한 목소리로 말을 이었다.

"자, 이런 상황을 개선해야 하는데, 그 방법으로 두 가지를 생각해 볼 수 있습니다. 하나는 개고기 먹는 것을 아예 금지하는 방안이고, 다른 하나는 개고기의 생산 및 유통을 합법화하는 방안입니다. 합법적인 개 도살장, 즉 도견장을 만드는 거지요. 여러분 생각은 어떤가요? 다음 시간까지 각자 생각해 오세요."

그렇게 주제가 음식물 쓰레기에서 '식용 개' 문제로 비화하고 말았다. 재우는 아버지한테 속아서 개고기를 먹어 본 적이 있었다. 그 경험을 자랑 삼아 애들한테 말하곤 했는데, 그 개가 음식물 쓰레기를 먹고 자랐다니. 재우는 전보다 훨씬 더 심하게 구역질이 났다.

'절대 안 먹어! 절대!'

재우는 조사고 뭐고 필요 없이 '개고기는 금지시킨다!'라고 결론을 내렸다.

며칠 뒤 도견장 합법화에 관한 토론이 시작되었다. 첫 번째는 개고기 유통 및 판매를 전면 금지해야 한다는 주장이었다. 반장 지석이가 나섰다.

개고기 말고도 먹을 게 많다!

저는 개 식용을 반대합니다. 하지만 외국 눈치를 봐서 그런 것은 아닙니다. 1988년 서울 올림픽을 앞두고 나라에서 보신탕집 문을 닫게 한 적이 있습니다. 외국 사람들이 개고기 먹는 것을 안 좋게 보기 때문이었습니다. 저는 그런 태도에는 동의하지 않습니다. 외국 사람들이 싫어한다고 개고기를 먹지 말아야 할 이유는 없습니다. 대신 저는 세상이 바뀌었다는 점을 강조하고자 합니다.

반려견 1천만 시대이고, 개고기 말고도 단백질 공급원이 얼마든지 많은 세상에 살고 있습니다. 굳이 우리와 가장 가까운 동물인 개까지 먹어 가면서 영양을 보충할 이유가 없습니다.

개고기가 좋다고 말하는 사람들은 식품영양학적 관점에서 소고기나 돼지고기보다 개고기가 우월하다고 합니다. 하지만 조금 더 솔직해질 필요가 있습니다. 영양의 관점에서 보면 개고기가 소고기나 돼지고기보다 더 낫다고 할 수 없습니다. 돼지고기보다는 지방 함량이 적지만 소고기와는 비슷하고, 단백질 함량은 소고기, 돼지고기와 비슷합니다. 군이 영양을 강조하면서 개 식용을 옹호하는 데는 다른 저의가 있다고 생각합니다.

개 농장에서는 식용 개를 20만 원 정도에 삽니다. 그런 다음 죽여서 고깃값으로 30만 원 정도를 받습니다. 대략 10만 원의 이득이 생기는 것입니다. 그런데 사육 비용은 거의 들지 않습니다. 선생님 말씀대로 짬을 먹여 키우기 때문입니다. 사룟값이 없습니다. 게다가 거꾸로 음식물 쓰레기를 처리하는 대가로 한 달에 1천만 원씩 버는 농장주도 있습니다. 식용 개는 엄청난 이윤을 만드는 산업입니다.

근당 가격으로 치면 개고기나 삼겹살이 거의 차이가 없습니다. 그만큼 비쌉니다. 그런데 그 질은 알 수 없습니다. 무슨 병이 들었는지도 모릅니다. 사람 몸에 어떤 해를 끼칠지 아무도 모릅니다. 법적으로는 금지된 고기라서 도축할 때 검사도 하지 않기 때문입니다. 이렇게 위험한 고기를 21세기에 아직도 좋은 음식으로 알고 소비하고 있다는 것 자체가 저는 도무지 이해가 되지 않습니다.

도축장을 짓는다고 해서 해결될 문제가 아닙니다. 개를 죽이는 데는 대단한 도구가 필요하지 않습니다. 전기 막대기를 입에 넣어 감전시켜 죽입니다. 그래서 작은 욕실 하나면 충분합니다.

이렇게 비용이 안 드는 방법이 있는데, 이용료를 내면서 도견장으로 전부 데려갈 것 같지가 않습니다. 도견장은 도견장대로 운영을 하고, 몰래 죽이는 건 그것대로 계속할 확률이 높다고 봅니다. 이런 식으로 개고기 유통 시장이 합법과 불법으로 나누어져서 파이만 더 커지는 게 아닐지 심각하게 고민해 보아야 합니다.

식용 자체를 금지시키는 것만이 유일한 해법입니다. 수요를 잡는 가장 확실한 방법입니다. 비슷한 사례도 있습니다. 우리와 똑같이 개고기를 오랫동안 먹어 온 대만도 최근 개고기와 고양이 고기의 유통을 전면 금지했습니다. 우리도 결단을 내릴 때가 되었다고 봅니다.

합법화를 통해서 소비를 줄여 나가야 한다

이 세상에 많은 식물이 있어도 사람이 주식으로 먹는 것은 세 가지밖에 없습니다. 쌀, 밀, 옥수수입니다. 사람은 기본적으로 편식하는 동물입니다. 고기도 마찬가지입니다. 결국은 몇 가지만 먹습니다. 지겹게도 돼지와 소, 닭을 찾습니다. 음식이라는 게 하루아침에 먹기 시작하고, 하루아침에 끊을 수 있는 게 아닙니다.

"왜 소나 돼지가 아니라 양을 먹니?"

"어떻게 양도 아니고 개를 먹을 수 있니?"

이렇게 비판하는 건 음식에 대해 몰라도 한참 모르는 얘기입니다. 음식은 오랫동안 습관화된 '문화'의 일종이기 때문에 우열이라는 게 있을 수 없습니다. 역사에 우열이 있을 수 없는 것과 같습니다. 개를 먹는 나라에서는 개를 먹게 된 사정이 있습니다. 그 사정이 바뀌어서 앞으로 개를 안 먹을 수는 있습니다. 하지만 다그칠 일은 아닙니다. "왜 빨리 끊지 못하니?"라고 비난할 문제가 아닙니다.

저는 개인적으로 개를 먹지 않습니다. 먹어 본 적도 없고, 먹을 생각도 없습니다. 개 식용 관련해 여러 차례 논란이 있었지만, 개를 먹는 사람들은 여전히 개를 먹고, 앞으로도 개를 먹을 것입니다. 덜 먹게 될 수도 있지만 안 먹지는 않을 것입니다. 이 사실을 인정하고 나면 해법은 간단합니다. 안전하게 도축해서 안전하게 먹으면 됩니다. 동물을 도축하려면 수의사의 검역을 통과해야 합니다. 그러려면 제대로 된 사료를 먹일 수밖에 없으니 당연히 개고기 값이 비싸질 것이고 수요가 줄면서, 식용 문화가 달라질 수도 있습니다. 그리고 불법적으로 도축하는 것은 그것대로 처벌하면 됩니다.

합법적인 개 도축장이 생기게 되는 것을 어떤 사람들은 끔찍해할지도 모릅니다. 하지만 하루아침에 문화를 바꿀 수 없다면, 몰래 전기로 지져서 개를 죽여 파는 일을 계속하게 두는 것보다 그 편이 낫다고 봅니다.

유럽에서도 매년 버려지는 개가 수백만 마리입니다. 새 주인을 찾지 못한 유기견은 안락사할 뿐만 아니라 그 고기를 다시 반려 동물의 사료로 씁니다. 개 식용을 비난하는 그들의 치부입니다. 과연 어느 쪽이 나을까요? 개를 죽여서 반려견 사료로 먹이는 것과 사람이 먹는 것 중에서 말이지요.

저는 우리도 언젠가 변할 수 있다고 생각합니다. 더디겠지만 사람들은 앞으로 개를 먹지 않는 쪽으로 천천히 변해 갈 것입니다. 그동안에 도견장을 지어 불법 도축을 없애야 합니다. 문제를 이렇게 해결하는 게 가장 좋지 않을까 싶습니다.

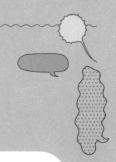

같은 생각 다른 생각

먹을 것도 많은데 왜 굳이 개를 먹냐고!

양고기, 닭고기, 말고기, 토끼 고기는 되는데,
왜 개고기만 먹지 말자는 거야?

다른 나라 때문에 개 식용을 금지하는 건
말이 안 돼!

개고기가 더 영양가 있다는 건 잘못된 정보야.

개 식용을 합법화하고 불법 유통을 없애면
가격이 올라가니까 서서히 사라지지 않을까?

어떻게 생각하나요?

재우는 어떤 토론 주제보다 의미 있고 중요한 문제라고 생각했다. 우리의 삶과 너무도 깊이 연관되어 있는 문제였다. 책에서 읽었는데, 덩치 큰 개는 식용 개가 되고, 작은 개는 반려견이 된다고 했다. 반려견을 가족같이 사랑하는 만큼, 그것과 아무런 차이도 없는 식용 개를 보호하는 방안을 생각해 내야 한다. 이게 재우가 내린 결론이었다.

선생님이 자리에서 일어나 박수를 쳤다.

"두 사람 다 연구를 많이 했네요. 프랑스에 브리지트 바르도라고 하는 유명한 배우가 있습니다. 저도 그 배우가 나오는 영화를 본 적이 있고요. 바르도는 우리나라의 개고기 문화에 대해 독설을 퍼붓곤 했는데 개고기만 문제 삼은 게 아닙니다. 아랍 사람들이 양고기 먹는 것에 대해서도 욕을 하다가 벌금형에 처해지기도 했지요. 우리가 너무 외국 사람들 눈치를 봐서는 안 될 것 같습니다. 그것으로 문제가 해결되기보다는 오히려 악화된 게 바로 개고기 문제입니다. 쉬쉬하다 보니까 음지로 들어가서 너무 크고 위험한 시장이 되어 버렸습니다. 자, 이제 끌고 나와서 해결을 해야겠지요. 방법은 둘 중 하나입니다. 식용 문화로 인정하자는 게 수빈이 안입니다. 수빈이 안의 단점은 잘못하다가 대량 사육이 일어나서 개고기 천국이 되는 것이고요. 이참에 아예 금지하자는 게 지석이 안입니다. 지석이 안의 단점은 너무 급진적이라는 것입니다. 경제에 미치는 영향도 생각해 보지 않을 수 없습니다. 자, 여러분 생각은 어떻습니까? 중요한 건, 지금의 상황을 그대로 둘 수는 없다는 겁니다. 음식물 쓰레기는 돈이 들더라도 개에게 줄 게 아니라 제대로 처리하는 게 맞습니다. 개든 소든, 동물을 대하는 데에도 격이 있어야 합니다. 79억 인류가 지구와 그 구성원을 너무 괴롭히고 있는 것은 아닐까요? 여러분도 잘 생각해 보기 바랍니다."

선생님의 말처럼 우리는 너무 많이 먹는 동물이다. 우리가 덜 먹는 것이 결국은 가장 좋은 문제 해결의 방법이 아닐까.

다섯 번째 토론:

어떤 의료 시스템이
환자를 위한 것일까?

재우는 초등학교 4학년 때 이모 집에 놀러 갔다가 엄마의 감시가 소홀한 틈을 타서 한 시간 만에 아이스바를 스무 개 넘게 먹어 치운 적이 있다. 그 이후로 장염을 자주 앓았는데, 조금만 차거나 매운 것을 먹어도 다음 날 어김없이 설사를 했다. 그래서 큰길에 있는 소아청소년과 병원의 단골손님이 된 지 오래다.

꼬맹이들 때문에 쓸데없이 기다리는 시간이 길어서 그렇지, 진료라고 해 봐야 별게 없다. 의사 선생님은 언제부턴가 청진기도 잘 대지 않고 몇 마디 묻기만 하고는 가라고 한다. 처방할 약이 이미 정해져 있기도 하겠지만, 컴퓨터 모니터를 보다가 재우에게 눈길 한 번 주는 게 진료의 전부다. 그래서 병원을 나설 때마다 기분이 찜찜하다. 아예 1년 치 약을 처방해 주면 좋겠다는 생각을 한 적도 있다.

그런 경험 때문인지 선생님이 오늘 토론 주제가 '원격 의료'라고 말할 때, 엉겁결에 "좋습니다!"라고 소리를 지를 뻔했다. 어차피 눈 한번 마주치는 건데 아이들 틈바구니에서 30분, 한 시간씩 기다릴 이유가 없지 않은가 말이다. '전화 의료,' '원격 의료,' 이런 것에는 반대할 아이들이 한 명도 없을 거라는 생각이 들었다. 혹시 수빈이는 아버지가 의사라서 반대를 할까?

'아니다. 의사도 좋으려나? 원격으로 진료하면 시간도 절약하고 돈도 더 많이 벌 테니까.'

재우는 의사들 생각이 어떤지 단서를 찾을 겸 수빈이 쪽으로 고개를 돌렸다. 원격 의료에 대해서는 별 관심이 없는지, 수빈이는 책 속에 머리를 박고 있었다. 선생님의 설명이 시작되었다.

"원격 의료는 말 그대로 '먼 거리에서 의료 행위를 한다'는 뜻입니다. '먼 거리'가 뭔지는 잘 알 거고, 의료 행위란 무엇일까요? 의사가 환자를 만나 문진을 하거나 촉진하는 것도 의료 행위고, 직접 상태를 본 다음에 판단하는 것, 그러니까 진단도 의료 행위고, 약 처방을 내리거나 간단한 시술, 심지어는 수술을 하는 것도 의료 행위입니다. 원격 의료는 그 종류가 아주 많습니다. 다음과 같이 다섯 가지를 드는 게 보통입니다."

선생님은 몸을 돌려 칠판에 또박또박 글자를 써 내려갔다.

원격 자문

원격 모니터링

원격 진단

원격 처방

원격 처치

"이 가운데 원격 자문은 의사가 다른 의사에게 의료 자문을 하는 것입니다. 지금도 할 수 있으니까 오늘 토론에서는 빼기로 하고요. 제일 마지막에 있는 원격 처치는 멀리서 수술을 하는 건데 여러분도 알다시피, 현재는 불가능하겠지요?"

재우는 '원격 수술'이 뭘까 생각해 보고는 키득 웃었다. SF 영화에나 나올 법한 것이었다.

"그래서 주로 원격으로 모니터링하고, 진찰한 다음에 처방하는 것, 우리가 보통 동네 병원에 가면 하는 것을 비대면으로 하

면 원격 의료라고 할 수 있습니다. 원격 의료를 하게 되면 지방
에 계시는 분들은 굳이 서울까지 오지 않아도 되니까, 훨씬 편하
겠지요. 줌zoom으로 비대면 수업을 하듯이, 의료용 어플리케이
션을 통해 진료를 받는 겁니다. 반면에 제대로 된 진료가 이루어
질까 걱정스럽기도 할 거고요. 자, 이 문제에 대한 여러분의 생
각을 말해 보세요."

　재우는 얼른 손을 들어 발언권을 신청했다. 그런데 한발 늦었
다. 항상 이런 식이다. 뭔가 할 말이 있으면 손이 늦고, 손이 빠르
면 별로 할 말이 없었다. 재우 대신 현우가 '찬성' 의견을 말하기
로 했고, 반대편에서는 은솔이가 나섰다.

　먼저 현우의 발표가 시작되었다. 그런데 시작하고 불과 몇 초
도 지나지 않아 재우는 자신이 지목되지 않은 게 얼마나 다행인
지를 깨달았다. 현우는 재우와는 비교가 되지 않을 정도로 아는
게 많았다. 일방적으로 자기주장만 늘어놓는 것도 아니었다. 반
대쪽 주장에 대해서도 충분히 파악하고 있었다.

　재우는 현우의 말에 또 열심히 맞장구를 칠 뿐이었다.

뉴노멀 시대에는 변화가 정답이다

세상이 그야말로 급변하고 있습니다. 의료 후진국인 줄 알았던 중국이 이미 2014년에 원격 의료를 전면 허용했습니다. 그리고 현재 중국에서 행해지는 의료 상담 가운데 10퍼센트가 원격 상담입니다. 중국 사람 열 명 중 한 명은 영상으로 의사를 만나고 있다는 뜻입니다. 이 비율은 2025년에는 26퍼센트까지 증가할 거라고 합니다. 이뿐만이 아닙니다. 2017년 기준으로 미국 내 의료 기관 중 76퍼센트가 인터넷 기술과 기기를 사용해 원격 의료 서비스를 제공하고 있습니다. 4차 산업 혁명 시대에 우리만 뒤처질 수는 없습니다.

스마트폰을 이용해 언제 어디서나 의사와 대화를 나눌 수 있는 어플리케이션 링거Ringer는 국내 개발사가 2020년 6월에 출시했지만 정작 우리나라 사람은 못 쓰고 해외 교민과 여행자들에게만 서비스하고 있습니다. 국내법상 원격 의료가 금지되어 있기 때문입니다.

의료 서비스의 질 하락, 의료비 부담 가중, 대형 의료 기관으로의 쏠림 현상 심화 등 반대 견해를 모르는 바 아닙니다. 당장 전면적으로 원격 의료를 시작하자는 주장도 아닙니다. 꼭 필요한 곳이라도 원격 의료를 할 수 있도록 가능성을 열어 달라는 것입니다.

재진 환자나 경증환자, 고혈압·당뇨 등 만성 질환자, 섬·벽지 거주자, 거동이 어려운 노인·장애인 대상으로는 얼마든지 원격 의료를 시작할 수 있지 않을까요? 그런 사람들까지 일일이 서울에 있는 큰 병원으로 불러올리는 게 과연 의료의 관점에서 합당한 일일까요? 대면 진료만 고집하지 말고, 환자의 편익을 위한 대안을 적극 마련해 가야 할 때가 되었다고 생각합니다.

포스트 코로나 시대이고, 뉴노멀의 시대입니다. 정부도 코로나 사태가 진행되는 동안 의사와 환자 간의 원격 의료를 허용하는 것으로 지침을 정해 전화를 통한 의사와 환자 간의 상담, 진료와 처방을 한시적으로 허용한다고 발표한 바 있습니다. 거기서 무슨 문제가 생겼다는 얘기를 들은 적도 없고요. 우리나라는 IT 기술이 발달해서 언제든 원격 의료 도입이 가능합니다. 빠른 속도의 인터넷망이 넓게 깔려 있는 데다, 영상 통화가 가능한 스마트폰이 널리 보급되어 있기도 하고요.

삼성전자는 2017년 4월부터 미국·영국·인도 등에서 이미 갤

럭시 스마트폰을 이용한 원격 의료 서비스를 제공하고 있습니다. 애플 워치, 갤럭시 기어 등의 스마트 웨어러블 기기를 통해 심전도 측정, 혈압 측정도 할 수 있고, 의사에게 바로 측정 결과를 보낼 수도 있습니다. 원격 의료의 확대 추세는 이제 막을 수 없을 것 같습니다.

의료를 성장 동력으로만 취급하면 안 된다

의사들이 원격 의료에 무조건 반대하는 게 아닙니다. 의사는 직접이든, 간접이든 환자를 치료하는 게 사명인 사람들입니다. 필요하다면 화상으로라도 연결해서 상담하는 데 주저할 이유가 없습니다. 원격 의료 장비를 포함해서 IT 기술이 진보했다는 것도 잘 알고요. 필요하다면 얼마든지 쓸 수 있다고 생각합니다.

의사들이 진짜로 걱정하는 것은, 모니터로 환자를 보는 것이나 직접 대면하는 것이나 뭐가 다르냐고 하는, 바로 그 생각입니다. 원격 의료를 주장하는 쪽에서는 진료나 상담이나, 대면이나 비대면이나 무슨 차이가 있냐고 반문할지 모릅니다. 하지만 실제로 엄청난 차이가 있습니다.

진료에서 제일 중요한 것은 환자의 상태를 정확하게 파악하는 일입니다. 그게 얼마나 까다로운 일인지는 조금만 생각해 보면 알 수 있습니다. "배 아프다", "머리가 어지럽다", 이런 말을 쉽게 들으면 안 됩니다. 배가 왜 아픈지 알아내는 게 보통 어려운 일이 아닙니다. 머리가 어지러운 이유는 수십 가지도 넘습니다. 이

것이 의과 대학에 들어가 첫 수업부터 귀에 못이 박이도록 듣는 얘기라고 합니다.

전화로 환자 얘기만 듣고, 화면으로만 상처 부위를 봐서 병을 정확하게 진단하고, 그 진행 경로를 정확하게 예측할 수 있는 의사는 단 한 명도 없습니다. 진료는 그렇게 간단한 일이 아닙니다. 그래서 보고(視診), 듣고(聽診), 치고(打診), 만져 봅니다(觸診).

그뿐만이 아닙니다. 초음파나 MRI 등 검사 영상도 들여다보고, 그동안의 병력(病歷)도 확인하고, 환자 거동 상태도 살핍니다. 심지어 환자한테서 나는 냄새도 맡습니다. 무엇 하나라도 단서가 될 만한 것은 다 모으지요. 그렇게 해도 일어나는 게 오진입니다. 불완전한 영상 장비를 통한 시진과 대화에만 의지하는 원격 의료는 정확한 진단과 거리가 있을 수밖에 없습니다.

고혈압 환자니까 약만 주면 된다고 생각하면 큰 오산입니다. 만성 환자는 계속 만성 환자로만 머물러 있는 게 아닙니다. 언제 큰 병이 닥칠지 모릅니다. 그냥 고혈압 환자였는데 방심하는 사이 바로 뇌졸중이 올 수도 있습니다. 그래서 시간을 두고 진료를 계속하는 겁니다. 상태에 따라 치료 방법을 바꾸기도 하고, 같은 약을 쓰는 것 같아도 진행 경과를 보면서 처방을 달리합니다. 의사는 환자에 대해서 책임을 지는 사람입니다. 환자의 병세보다 진료의 수월함이 우선이 되어서는 안 됩니다. 편하고 불편하고의 문제가 아닙니다.

원격 의료가 진짜로 불가피하다면 물론 얘기가 다릅니다. 지방에 의료 기관이 턱없이 부족하다면요? 그때는 원격 의료가 아니라 더한 것도 해야 하고, 또 할 겁니다.

하지만 우리나라는 읍면동까지 1차 의료 기관이 없는 데가 없습니다. 섬에 사시는 분들도 1년에 최소한 서너 번은 의료 기관을 방문할 수 있고요. 응급으로도 얼마든지 유능한 의사가 있는 병원에 갈 수 있습니다. 거기서 문제가 발견되면 2차, 3차로 보냅니다. 그러면서 큰 병원으로 오게 되는 것입니다. 이게 우리의 시스템입니다. 이 시스템에 큰 문제가 있는 것도 아닌데, 줌을 틀어서 의사와 환자를 연결할 이유가 없습니다. 심지어 확실치도 않은 진단을 위해서 전문의인지 아닌지도 모르는 의사와 원격 상담을 하게 돼서는 안 됩니다. 그런 위험을 환자들에게 부담하게 해서는 안 됩니다.

문제는 바로 여기 있습니다. 원격 의료는 환자들에게는 별로 도움이 되지 못하면서, 장비 산업, IT 기업들만의 잔치로 끝날 공산이 큽니다. 그래서 반대하는 것입니다.

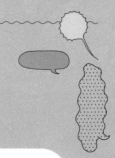

어차피 병원에 가도 의사를 만나는 시간은
1~2분인데, 원격 치료가 되면 엄청 편할 거 같은데?

의사의 진료란 환자의 얼굴만 보는 게 아니라
병력과 상태도 살피고, 만지고, 냄새도 맡아야
하는데, 원격 진료로는 불가능하다고 봐.

나이 많은 어르신이나 섬에 살고 있어
병원에 가기 어렵다면 원격 의료 서비스가
큰 도움이 될 거야.

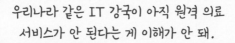

우리나라 같은 IT 강국이 아직 원격 의료
서비스가 안 된다는 게 이해가 안 돼.

교실 안은 한바탕 폭풍이 휘몰아치고 지나간 듯했다. 현우의 토론으로 싱겁게 끝날 것 같았는데, 그게 아니었다. 은솔이는 어떻게 저런 걸 다 조사했는지, 무슨 학술 대회 발표를 듣는 것 같았다. 아이들도 어느 쪽 손을 들어 주어야 할지 난감한 표정이었다.

　반면에 선생님은 이럴 줄 알았다는 듯이 입가에 옅은 미소를 지었다.

　"혹시 러다이트 운동이라고 알고 있나요?"

　"그게 뭐예요?"

　"19세기 산업 혁명에 저항해서 노동자들이 섬유 기계를 파괴하던 것을 러다이트 운동이라고 해요. 원격 의료를 찬성하는 쪽에서는 의사들과 그때의 노동자들이 뭐가 다르냐는 말을 합니다. 의사들도 새로운 과학 기술을 무조건 배척할 게 아니라, 그것과 공존하는 방법을 찾아야 한다는 거지요. 반면에 의사들은 정부 안에 대해서 의심의 눈초리를 거두지 않고 있습니다. 원격 의료 정책을 보건복지부가 아니라 중소벤처기업부가 내는 것 자체가 이상하다는 거죠. 원격 의료의 중심인 환자와 의료인은 정작 뒤에 있고, 장비 산업과 기업이 돈벌이 수단으로 강행하고 있다는 의심이 든다는 얘기입니다. 섬이나 산간벽지의 환자를 탁월하게 진료할 수 있는 장비가 개발되었다고 해도 환자가 그 장비를 잘 다룰 수 있을지 확신할 수 없기도 하고요."

재우는 '세상이 참 놀랍다.'는 생각을 했다. 새로운 사실을 알게 되어서 신기하고 재미있는 건 맞다. 그런데 그럴수록 어느 한쪽 편을 들기가 더 어려워진다.

그렇다면 의사 선생님이 자기를 힐끗 본 것도 다 '단서 찾기'의 일환이었나? 원격 의료 장비라는 게 진짜 돈벌이가 되는 걸까? 미국이나 중국은 의사 보기가 어려워서 원격 상담을 일찍 시작하게 된 걸까? 섬에 사는 사람들이 원격 장비로 서울에 있는 큰 병원 의사와 바로 접속할 수 있다면 좋지 않을까? 그런데 그분들이 원격 장비를 쓸 줄은 알까?

토론 시간이 끝나고 나면 늘 그렇게 궁금한 게 많아졌다.

자유 학기제

여섯 번째 토론:

단순히 쉬는 기간일까?
미래 준비를 위한 움츠림일까?

은솔이가 재우와 친해지게 된 것은 1학년 때였다. 그때는 자유 학년이었다. 오후만 되면 재우와 현우랑 같이 한 모둠이 돼서 종로로, 강남으로 체험 학습을 다녔다. 그때마다 얼마나 시끄러웠는지, 은솔이는 늘 재우를 피해 다니고, 재우는 늘 은솔이를 찾아내면서 하루가 갔다. 그러다가 친해진 것이다. 은솔이는 속으로 '이렇게 말 많은 애는 앞으로도 만나기 힘들겠다.'라고 생각했다.

작은 사건도 하나 있었다. 1학기가 끝나 갈 무렵 재우가 '독립

선언'을 한 것이다. 공부는 자기 길이 아니니까 래퍼가 되겠다고 했다. 재우 엄마가 어떤 분인지 한동네 살아서 잘 알고 있던 은솔이는 그것 때문에 쓸데없이 마음고생을 했다. 재우가 말수가 갑자기 줄어든 때도 그때였다. 재우 아빠까지 나서서 엄청나게 반대를 했다. 정식으로 오디션을 보러 갔다가 소질이 없다는 얘기를 듣고 멈추고 말았지만, 그때 재우가 썼던 욕이 반인 랩 가사를 떠올리면 지금도 웃음이 나오곤 한다.

　새삼스레 래퍼 시절의 재우를 떠올린 것은 채린이 때문이었다. 중학교 2학년 2학기를 다 마치기도 전에 채린이는 유명 기획사 연습생이 되었다. 춤이든 노래든 특별히 뭘 잘한다는 얘기도 못 들었는데 덜컥 연예인 비슷하게 된 것이다. 우리 동네 진짜 스타는 재우가 아니라 채린이였다. 소문에는 자유 학년 때 동아리 활동을 열심히 했고 숨겨진 끼를 발견하게 되었다고 한다. 바로 몇 년 후면 '무슨 핑크', '무슨 로즈' 이런 이름으로 텔레비전에 나오는 것을 볼 수도 있을 것이다.

　은솔이는 자유 학년이 아니었으면 아이들과 이렇게 친해지지 못했을 거라는 생각을 했다. 쉬는 시간만 되면 복도마다 바다표범처럼 널브러져 있던 남자애들의 모습이 지금도 선하다. 지금은 다 시든 상추처럼 웅크리고 있지만, 그때는 학교 안팎이 들썩

들썩했다. 그게 마지막으로 크게 웃은 때였던 것 같기도 하다.

오늘 주제는 '자유 학기'다.

"'전환 학년'이라는 이름으로 아일랜드에서 가장 먼저 시작한 실험이지요. '교실 밖에서의 다양한 경험을 통해 사회적 역량을 증진시키며, 시험에서 해방됨으로써 친구나 교사들과의 관계가 편해진다.'는 보고가 있습니다. 우리나라 학생들은 세계적으로 성취도가 높은 반면에 행복도는 아주 낮은 것으로 알려져 있죠. 학생들은 입시 위주의 경쟁으로 암기식·주입식 교육에 매몰되어 있고, 학습 흥미도 아주 낮은 상황입니다. 특히 중학교 때 분위기가 아주 안 좋아요."

선생님의 설명이 계속되는 동안 아이들은 괜히 우울해졌다.

"그래서 중학교 1학년 동안은 경쟁 없이 각자의 진로를 자유롭게 탐색하는 시간을 갖는 것, 이것을 자유 학기제라고 합니다. 여러분 모두 잘 아는 바와 같이 말이죠."

은솔이는 선생님의 말을 들으면서 '아예 중학교 전체를 자유 학년으로 하면 어떨까?'라는 생각을 했다. 1년 쉬었다가 다시 공부를 시작하려니 더 힘들었던 기억이 났다. 아이들도 은솔이와 비슷한 생각을 하고 있는 것 같았다. 그때를 떠올리는 듯 희미하게 웃는 아이들이 군데군데 보였다.

"자유 학기 제도에 대해서 반대하는 견해도 많습니다. 시행 초반에 진지한 준비 없이 바로 시작하는 바람에 별 성과를 거두지 못했다는 비판도 있고요. 직업 체험이라는 이름으로 겨우 하루, 그것도 한두 시간 정도 간호사나 변호사, 회사원의 생활을 보는 것이 과연 의미가 있을까? 이런 얘기를 선생님들도 많이 했죠. 자, 그럼 이제 여러분의 생각을 들어 보겠습니다. 1년간 자유 학기를 보내고 나서 여러분은 어떻게 달라졌나요? 숨은 꿈을 찾았나요? 자유 학기가 진로 찾기에 도움이 되었다고 생각하나요? 누가 먼저 말해 볼까요?"

아이들이 일제히 고개를 숙였다.

"재우가 얘기해 볼까?"

재우의 이름이 불리자 아이들은 일제히 폭소를 터뜨렸다. 재우는 나름 래퍼로 학교 내에서 유명 인물이었다. 실제로 교육감이 와서 시범 수업을 할 때도 재우의 현란한 랩이 전교에 울려 퍼졌다.

하지만 재우는 얼굴이 빨개져 고개를 푹 숙였다. 재우에게 자유 학기는 그다지 좋은 기억이 아니었던 모양이다. 결국 재우 대신 은솔이가 찬성 의견을 냈고, 반대 의견은 의외로 수빈이에게서 나왔다.

쉬어 가는 시간이 필요하다

선행 학습이란 '다른 학생들은 다 1학년 과정을 하고 있는데, 나 혼자만 2학년, 3학년, 아니면 고등학교 과정을 공부하는 것'을 말합니다. 하지만 만약 거의 모든 학생들이 중학교 1학년 때 2학년, 3학년 또는 고등학교 과정을 공부하고 있다면요? 그건 선행 학습이라고 할 수 없습니다. 그냥 정상적인 학습을 하고 있는 거니까요.

우리가 그렇습니다. 전혀 유별나지 않은 평균적인 학생들만을 기준으로 말하면 우리는 모두 현재 선행 학습을 합니다. 보통 초등학교 4학년이 되면 중학교 과정을 미리 공부하기 시작합니다. 몇 명만 하는 게 아닙니다.

그런데 문제는 도대체 왜 공부를 해야 하는지, 공부해서 무엇이 될 것인지 아이들이 모른다는 점입니다. 그저 학원 스케줄만 따라가고 있습니다. 부모님과 가끔 미래에 대해 이야기를 할 때도 있지만, 초등학교 때나 중학생이 된 지금도 부모님은 구체적인 진로 이야기보다 공부하라는 말만 하십니다. 그렇게 우리는 아무 생각 없이 학원에서 미리 중학교 공부를 하고, 중학생이 된 것입니다.

지금이라도 잠시 쉬어 갈 시간이 없다면, 우리는 생각이고 뭐고 없이 주야장천 이 길을 가야 합니다. 하지만 그럴 수는 없습니다. 최소한 뭐가 되고 싶은지, 친구들과 선생님과, 학교와 사회와 함께 고민해 볼 필요가 있습니다. 영어, 수학 진도가 중요한 게 아닙니다. 우리는 중학생, 고등학생으로서 오로지 공부만 하면서 지낼 것이므로 한 해 정도는 진지하게 고민할 시간이 필요합니다. 지금이 우리 삶에서 가장 중요한 전환기이기도 하고요.

하루짜리 직업 체험이 무슨 의미가 있느냐고 반문할지도 모릅니다. 학교가 제공하는 프로그램이 별것 아니라고 생각될 수도 있습니다. 하지만 그래도 저는 의미가 없다고 생각하지는 않습니다. 중학교는 마치 본선 무대와 같습니다. 본선 무대의 첫머리를 너무 급하게 시작하는 것보다는 서툴고 부족하더라도 조금 천천히 시작하고 싶습니다. 시험 부담 없이 수업을 듣고, 토론을 하고, 친구들을 만나고, 세상 경험을 해야 합니다. 자유 학기에 엄청난 기대를 거는 게 아니라 최소한의 자유와 시간이 필요하다는 뜻입니다. 공부를 하든 놀이를 하든, 친구들과 어울릴 시간이 필요합니다.

자유 학기는 반쪽짜리 진로 찾기에 지나지 않는다

쉴 시간이 필요하다는 은솔이 말에 전적으로 동의합니다. 중학생이 되자마자 '서열화'에 몰입하고 싶은 사람은 아무도 없을 겁니다. 그런 부담 없이 다양한 수업에 적극적으로 참여하고, 오후에는 동아리 활동과 진로 탐색을 통해서 앞날을 그려 보는 시간을 갖고 싶겠지요. 오히려 그 시간이 1년밖에 없다는 게 아쉬울 뿐입니다.

하지만 그럼에도 불구하고 저는 자유 학기가 학생들에게 큰 의미가 없을 거라고 생각합니다. 우리에게 주어진 선택지가 별로 없기 때문입니다. 아마도 우리는 공부를 잘하든 못하든 상관없이 자유 학기가 지나면 본격적으로 대학 입시에 시동을 걸어야 할 것입니다. 따라서 자유 학기를 아무리 열심히 수강해도 우리의 삶은 달라지지 않을 거라고 믿습니다. 우리가 고를 수 있는 건 기껏해야 대학에서 무슨 과를 선택하느냐 하는 정도일 겁니다. 그것 외에 우리가 자유 학기를 통해서 어떤 다른 선택을 할 수 있을까요? 대학 교육을 받는 것이 기본처럼 되어 있는 지금, 대학 입시 공부를 하지 않고 다른 직업 교육을 받을 수 있을까요? 우리가 하는 진로 찾기가 그럴 가능성까지 다 열어 둔 것일까요? 저는 아니라고 생각합니다.

순위가 매겨진 대학 말고 우리가 선택할 수 있는 것은, 노래를 부르거나 춤을 추거나 그림을 그리거나 운동선수가 되는 것밖에 없습니다. 그런 몇 가지 예체능의 길 외에 우리 앞에 놓인 것은 대학밖에 없습니다.

이 제도를 먼저 시행해 성공한 아일랜드, 오스트리아, 독일 등의 사례를 보면서 우리는 중요한 사실 하나를 알 수 있습니다. 거기서는 진로가 두 가지입니다. 대학에 가서 공부를 계속하는 것과 고등학교 졸업 후 직업 교육을 받아 사회에 나가는 것, 이렇게 두 가지 길이 있습니다. 그 나라들에서는 대학을 가는 게 아닌, 두 번째 길을 반 이상의 친구들이 선택할 수 있고, 그 길로 가서도 사회적으로 성공할 수 있고, 존경을 받으면서 행복하게 살 수 있습니다.

우리나라에서는 어떨까요? 대학을 가지 않고 나에게 맞는 일을 할 수 있는 가능성이 얼마쯤 될까요? 그런 가능성이 없다면 우리의 선택은 큰 의미가 없습니다. 자유 학기는 공허한 시간이 될 수밖에 없다는 뜻입니다. 은솔이 말대로 1년 동안 쉬어 가는 게 다입니다. 몇몇 친구들만 아이돌 연습생으로 빠지고 나머지 대부분의 아이들은 다시 원래 가던 길로 돌아와서 최종 목표인 대학을 향해 달려갈 것입니다. 자유 학기 안에 진짜로 자유로운 선택이 없다는 것, 그게 우리의 안타까운 현실입니다.

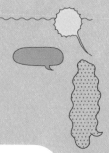

자유 학기제 동안 정말 많은 추억이 생겼어.
후배들도 꼭 경험해 보라고 추천할 거야.

취지는 좋지만 큰 의미는 없다고 봐. 대부분의
친구들이 활용을 제대로 못 하더라고.
그냥 시험이 없으니 좋은 정도?

학교에서 좀 더 적극적으로 자유 학기제의
프로그램을 짜 줬으면 좋겠어.

큰 효과가 있다기보다 고등학생이 되기 전에
이런 제도가 있어서
그나마 숨을 돌릴 수 있는 것 같아.

수빈이의 반대 의견 여파는 의외로 컸다. 마지막에 "우리의 안타까운 현실입니다."라고 힘주어 말할 때에는 여러 명이 고개를 끄덕였다. 물론 아이들 가운데는 수빈이가 너무 극단적인 주장을 한다고 생각하는 아이들도 있었다. 그런 아이들의 마음을 알았는지 선생님이 보충 설명을 했다.

"수빈이가 우리 직업 교육의 문제를 잘 지적해 준 것 같아요. 정확히 말하면 '직업 교육의 부재'이지요. 선진 유럽 국가에서는 대학을 나오지 않아도 젊은이들이 얼마든지 행복하게 만족하면서 살 수 있다고 해요. 우리도 그런 사회를 만들어야 한다는 게 수빈이 주장이고요. 제가 알기로는 1970년대에도 문제가 됐던 이야기인데, 그때만 해도 대학은 소수만 갔어요. 그리고 그 나머지에게는 직업 교육이라는 길이 열렸어야 하는데, 그 길을 잘못 잡았지요. 그저 공장에 가서 나사를 조립하는 실습을 시키고, 회계 장부 정리를 가르치는 게 직업 교육이라는, 잘못된 생각을 했습니다. 그렇게 받은 교육은 전문성이 부족하기 때문에 곧 바닥이 드러날 건데도 말이죠. 그때 직업 교육이라는 새로운 진로를 잡아서 21세기 지식 산업 사회에서 요긴하게 쓸 전문가를 키우는 일을 했더라면, 지금 굳이 대학에 가지 않고도 사회에 나가 성공하는 사람들이 아주 많았을 겁니다."

선생님의 설명까지 곁들여지니까 문제가 뭔지 더욱 선명하게 잡히는 듯했다.

"하지만 그렇다고 해서 자유 학기제가 아주 의미가 없는 것인지는 좀 더 생각해 볼 문제예요. 직업 교육이라는 선택지 말고도 현재 교육 체제 안에서도 우리가 결정해야 할 것들이 아직 많으니까 말이죠. 여러분 앞에는 꼭 서열화된 대학만 있는 게 아닙니다. 그 수가 많지는 않지만 최근 들어 아예 대학을 가지 않는 길을 택하는 선배들도 적지 않아요. 어쨌든 자유 학기라는 공간에서 여러분이 앞으로 뭐가 되고 싶은지 고민하는 기회가 필요하지 않을까요?"

아이들은 생각이 많아졌는지 대답이 없었다.

"자, 여러분의 생각은 어떤가요? 먼저 자유 학기라는 약간의 쉬는 시간이 필요하다고 생각하나요? 아니면 어차피 선택지도 별로 없는데, 진로에 대한 고민 정도는 굳이 학기를 쉬면서까지 할 필요가 없다는 입장인가요? 우리의 교육 제도에는 어떤 문제가 있을까요? 후배들을 위해서 여러분의 자유로운 의견이 필요합니다."

　자유 학기 동안의 자유로움도 물론 좋지만 수빈이의 현실감 있는 지적에 모두의 고개가 끄덕여졌다. 그리고 또 한 가지 깨닫는 게 있다.

　알면 알수록 찬성과 반대, 어느 한쪽으로 편들기가 쉽지 않다는 것이다. 어쩌면 그것 사이에는 종이 한 장만큼의 차이도 없는 게 아닐까.

일곱 번째 토론 :

범죄자의 인권은
어디까지 지켜져야 할까?

"거세?"

재우는 너무 놀라서 자기도 모르게 뿜어져 나오는 소리를 틀어막으려고 했지만, 이미 여러 아이들이 듣고 난 후였다.

'정치와 법' 시간이었다. 현우랑 수빈이랑 같이 모둠을 이뤄 여러 가지 수업 자료를 살펴보던 중 '성 충동 약물 치료'에 대한 기사를 보고 있는데, 현우가 갑자기 "이거 화학적 거세잖아?"라는 말을 꺼냈고, 재우는 그 말에 큰 충격을 받았다.

자세히 들여다보니, 현우 말이 맞았다. 화학적 거세chemical

castration라는 것이 미국 캘리포니아주에서 광범위하게 도입되어 있다고 했다. 재우는 순간 소변 금지 팻말에 조악하게 그려진 가위가 생각났다. 그러자 다리에 힘이 쫙 풀리는 느낌이었다. 그런 재우의 생각을 다 알겠다는 듯이 수빈이가 말을 꺼냈다.

"물리적 거세가 아니고 화학적 거세야. 독일 나치 정권에서는 물리적 거세를 하기도 했는데, 지금은 그렇게까지는 못 하고, 약물로 충동을 막는 방법을 써."

재우는 여자애랑 마주 앉아서 '거세' 얘기를 하는 것이 많이 불편했다. 하지만 수빈이는 전혀 아무렇지 않은 표정이었다. 한쪽에서는 현우가 수빈이의 말에는 아랑곳없이 뭐라도 재미있는 그림이 있는지 자료를 샅샅이 훑고 있었다.

"우리나라 법에도 도입되어 있어. 성범죄를 저지른 사람이 출소하기 전에 치료를 받아야 되는 거지."

"아, 그렇구나."

머릿속으로는 이해가 가면서도 '거세'라는 단어가 주는 끔찍한 여운이 잘 가시지 않았다. 그렇지 않아도 악명 높은 성범죄자의 출소로 뉴스에 여러 가지 기사가 뜨고 있던 때였다. 피해자를 생각하면 그렇게라도 해서 사람을 고칠 필요가 있겠다는 생각이 들기는 했다. 그런데 다른 한편으로는 아무런 거리낌도 없이 '거세'라는 단어를 입에 담는 수빈이가 신기하기도 했다.

"이게 일종의 중성화 수술이네! 봐, 이거. 그림이 나오네!"

현우가 다시 잡지를 펼치며 소리를 질렀다. 그 바람에 다른 모둠 애들까지 이쪽으로 고개를 돌렸다. 아무 생각 없이 아무 그림이나 펼쳐 드는 현우를 보고 재우는 얼른 그림을 가렸다.

'아이고, 이 생각 없는 놈!'

수빈이랑 같이 오래 쳐다볼 그림은 아닌 것 같았다. 재우는 그림을 덮고 현우는 또 그걸 한사코 보겠다고 재우의 손가락을 비틀고 있었다.

다음 토론 시간은 '성범죄자 신상 공개'가 주제였다. 마침 동네에 성범죄자가 출소해 돌아온다는 얘기를 다 알고 있는 터라, 아이들은 어느 때보다도 관심이 많았다. 선생님의 배경 설명이 시작되었다.

"성범죄가 아주 심각합니다. 너무나 많은 곳에서 너무 많은 피해자가 생기고 있죠. 그 종류도 아주 다양합니다. 심한 것은 강간 살인이나 강간도 있고, 강제 추행, 유사 강간도 있고, 정도가 조금 약한 걸로는 공중 밀집 장소 추행이나 카메라 촬영, 심지어 정보 통신을 이용해서 이상한 문자 메시지를 보내는 것까지 있습니다. 당연히 우리나라 법은 형벌을 내립니다. 그런데 그게 잘 먹히지 않을 때도 있어요. 초범이라고 해서 집행 유예가 선고된 다거나, 실형이 선고된다 해도 출소 후 또 범죄를 저지르니까요. 그래서 미국 등 선진국처럼 우리도 이런 범죄자의 신상 정보를 등록하는 제도를 도입했습니다. 10~30년간 범죄자의 사진과 주소 등 주요 정보를 등록하고 이웃들에게 알려 줍니다. 그렇게 함으로써 재범을 방지하고 사회가 더 이상의 피해를 막도록 하는 것이죠. 이와 같은 신상 공개 제도에 대해서 어떻게 생각하나요? 효과가 있을 거라고 보나요?”

'범죄' 문제만 나오면 단골로 손을 드는 아이가 있다. 바로 택부였다. 택부네 아버지가 어느 경찰서 수사팀장이라는 얘기가 있었다. 택부의 발표에는 확실히 우리가 잘 모르는 정보가 많았다. 발표 때마다 택부가 돋보이는 이유였다.

성범죄는 멈출 수 없다!

미국에서는 이런 얘기를 합니다. 성범죄와 아동 학대는 지구 종말을 맞아도 없어지지 않을 거라고.

성범죄로 골머리를 앓던 미국에서 소아 성애증 환자가 직접 검찰청을 찾아왔습니다. 소아 성애증이란 어린아이만 보면 성적 충동을 느끼는 정신병인데, 이미 여러 번 같은 범죄를 저지른 전력이 있는 이 사람은 뜻밖에 이런 요구를 했습니다.

"저를 거세시켜 주세요!"라고.

성범죄자를 나라에서 강제로 거세하는 것만 문제가 되는 게 아닙니다. 본인 스스로 거세해 달라고 하는 경우도 많습니다. 본인도 잘 알기 때문입니다. 그 병은 고치기가 쉽지 않습니다. 그래서 요즘은 화학적 거세라는 걸 많이 합니다. 남성 호르몬을 억제하는 약물이나 여성 호르몬을 투입해서 성욕을 억제하는 것입니다. 그러면 남성이지만 남성이 아닌 상태가 됩니다. 잘못 쓰거나 과다하게 쓰면 암에 걸릴 수도 있고요. 이런 위험에도 화학적 거세라는 방법을 써야 한다는 얘기는 그만큼 뿌리가 깊고 질긴 병이라는 뜻입니다. 우리나라 성범죄자들 역시 이런 병을 앓고 있는 것입니다.

한번 생각해 봅시다.

세상에는 아주 많은 범죄가 있습니다. 살인도 있고, 강도도 있고, 폭행도 있습니다. 그런데 이걸 여러 번 범하는 게 사실 쉬운 일이 아닙니다. 연쇄 살인이라도 사람을 짧은 기간 동안 10명 이상 죽이는 게 보통 어려운 일이 아닙니다. 강도나 폭행도 마찬가지입니다. 범죄라는 게 하고자 마음을 먹으면 기회를 봐야 하고, 에너지를 모아야 합니다. 하루건너 한 번씩 저지르는 게 쉬운 일이 아닙니다. 그런데 성범죄는 다릅니다. 범죄자의 성 에너지는 하루에도 몇 번씩 분출할 준비가 되어 있습니다. 한 번 에너지를 분출했다고 해서 다시 못 하는 게 아닙니다. 이 에너지는 매시간 매분 단위로 쌓이고 또 쌓입니다. 더 심해집니다. 특히 소아 성애증은 어른들에게서는 만족을 못 느끼는 병입니다. 저항하기 힘든 연약한 아이들만 노립니다. 기회만 되면 언제든 재범을 할 수 있습니다. 오죽하면 자기 스스로 거세를 해 달라고 하겠습니까.

신상 공개는 이런 성범죄를 막을 수 있는 최소한의 방법입니다. 가해자를 오래 가두고, 전자 발찌를 채우고, 감시를 붙여도 해결되지 않을 때, 피해자들이 스스로 조심하게 하는 방법이 바로 신상 공개입니다. 곰이 위험하다고 해서 다 없애 버릴 수는 없습니다. 곰도 살아야 하고, 인간도 자연에서 아주 멀어질 수는 없기 때문입니다. 그래서 국립공원에 곰을 풀어놓으면서 곰의 현재 위치를 사람들에게 알려 줍니다. 그것이 공존하는 방법입니다. 곰도 사람을 해치지 않고, 사람도 곰을 피하려면 별 수 없는 거지요.

신상 공개로 범죄자가 이중 처벌을 받는 면이 없지 않습니다. 지나친 인권 침해가 아니냐는 비판도 있습니다. 하지만 이 범죄는 아이들이 다 크고, 범죄자가 기력이 다 쇠할 때까지는 조심하는 것 외에 다른 처방이 없습니다. 신상 공개를 탓할 게 아니라, 범죄자 스스로 정신과 치료를 받는 방법을 강구해야 합니다. 그것이 본인도 사회도 불행하지 않을 수 있는 길입니다.

신상 공개는 공존을 위해서 꼭 필요한 조치라고 생각합니다.

교화 가능성이 없다고 확신할 수 있을까?

확실히 택부 말에는 날카로운 지적이 있습니다. 특히 성범죄자를 곰에 비유한 것은 너무나 적절한 것 같습니다.

그런데 한 가지 문제가 있습니다. 국립 공원에 풀어놓은 곰은 기껏해야 수십 마리, 수백 마리일 거고, 국립 공원에 늘 사람들이 가득한 것도 아니고, 워낙 넓어서 사람들이 곰을 만날 확률이 별로 없다는 점입니다. 하지만 우리 동네는 사정이 다릅니다. 성범죄자가 어디 사는지 알고, 그 사람이 사는 집을 피해 다닌다고 해서 위험성이 크게 줄지 않습니다. 성범죄자가 집에만 있는 게 아니니까요. 동선이 워낙 다양합니다. 반면에 등록된 사람에게는 심각한 피해가 있을 수 있습니다. 즉, 비용 대비 효과가 생각보다 적을 수 있습니다.

또 곰이 야생성과 공격성을 계속 지니는 것과는 달리, 사람인 성범죄자는 죄를 뉘우치고 교화될 수도 있습니다. 변하지 않는 동물과 다릅니다. 사람이 달라질 가능성도 있는데 무조건 등록을 하는 게 과연 맞는 일일지 의문이 든다는 뜻입니다. 이런 두 가지 점에서 현재 시행 중인 성범죄자 신상 정보 등록 제도의 허점이 있다고 생각합니다.

기간도 문제입니다. 아동 성범죄를 비롯해 강간, 유사 강간, 강제 추행 등 신상 정보를 등록하는 범죄의 유형과 등록 기간은 법률로 정해져 있습니다. 성범죄로 벌금형을 받은 사람은 10년, 징역 10년형 이상을 선고받은 사람은 30년, 이런 식으로 말이지요. 그리고 당연한 얘기지만, 중대한 죄를 저지를수록 높은 형량과 함께 더 긴 시간 동안 신상 정보를 등록하게 됩니다.

제가 문제가 있다고 보는 것은 범죄자가 형벌과 신상 정보라는 두 개의 처벌을 받는 게 아닌가 하는 점입니다. 보통 중대한 범죄를 저지를수록 높은 형량을 받습니다. 형량이란 교도소에 수감되어 벌을 받으며 죄를 뉘우치고 교화될 만한 기간으로 법이 정해 놓은 것이겠고요. 그렇다면 성범죄를 저지른 사람이 징역 3년형을 받고, 신상 정보 등록 기간으로 15년을 선고받았다면, 법의 판단은 3년 정도가 지나면 그 사람도 많이 좋아질 수 있다는 게 아니었을까요? 그런데 3년 형기를 다 채우고 나와서 다시 신상 정보를 15년간 공개해야 한다면 이 사람의 처벌은 언제 끝나게 되는 걸까요? 이미 법에서 정한 수형 기간을 다 채웠는데 세상에 나와서 다시 보이지 않는 감옥에 살아야 하는 것은 너무 가혹한 처사가 아닐까요? 그 사람이 변했는지 아닌지 확신하지도 못하면서, 우리는 무슨 자격으로 "그 사람은 위험하다." 라고 말할 수 있을까요?

신상 공개 제도 자체를 반대하는 게 아닙니다. 섬세하게 제도를 만들어야 한다는 점을 강조하는 것입니다. 당신은 10년, 당신은 15년, 이런 식으로 쉽게 선고하고, 선고했다고 해서 무조건 집행할 문제는 아니라고 생각합니다. 문제가 있는 사람은 더 세심하게 감시하면서 교화의 가능성도 가늠해 보고, 교화된 범죄자는 신상 정보 공개에서 풀어 주어 사회 구성원으로서 살아갈 수 있도록 제도를 치밀하게 만들어야 합니다. 감옥에 가두는 게 아니라고 해서 너무 쉽게 결정하는 것은 아닌지 진지한 고민이 필요합니다.

같은 생각 다른 생각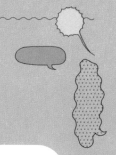

성범죄자는 일반 범죄자와 달라.
당연히 신상이 공개되어야 마땅해.
그래야 스스로도 조심할 수 있을 거야.

신상 공개는 이중 처벌이야. 신상 공개보다는
정신과 치료 프로그램이 필요하다고 봐.

아무리 성범죄자라고 해도 자신의 잘못을 뉘우치고
새사람이 될 수도 있는 건데 너무 가혹해.

성범죄자의 가족에 대해 생각해 봤어?
가족들이 더 힘들 수도 있어!

성범죄는 뿌리가 깊고 질긴 병이라고!

어떻게 생각하나요?

은솔이 얘기 끝에 선생님이 빙긋 웃었다.

"은솔이 얘기도 결국은 신상 공개를 하지 말자는 게 아니네?"

"네, 선생님."

"혹시 범죄의 숨은 피해자라는 말을 들어 본 적 있니?"

은솔이는 고개를 갸웃거렸다. 그런 은솔이와 아이들 얼굴을 번갈아 쳐다보다가 선생님은 칠판에 'Hidden Victims of Crime'이라고 썼다.

"신상 공개로 또 피해를 보는 사람들이 있어요. 바로 범죄자의 가족이죠."

아이들 몇몇이 무슨 말인지 알겠다는 듯이 고개를 끄덕였다.

"범죄를 저지르면 피해자뿐만 아니라 범죄자의 가족들도 고통을 받습니다. 가장이 수감돼 있는 동안 생활이 어렵고, 가족 중에 미성년 자녀가 있다면 범죄 사실을 그대로 말해 주기도 힘들죠. 그들이 겪는 고통에 우리 사회가 그동안 너무 무관심한 면이 있어요. 실제로 아버지가 성범죄자로 신상이 공개된 것에 충격을 받아 고등학교 2학년 학생이 자살하기도 했습니다. 이사를 해도 주변에 통보가 되기 때문에 학교나 학원에 그 사실이 알려질까 두려웠다고 해요. 어떤 형태로든 가족들의 삶에 영향을 줄 수밖에 없습니다. 죄는 한 사람이 지었는데, 가해자의 가족들까지 그 피해를 나누게 되는 거지요."

아이들 몇몇은 마치 자신의 일인 것처럼 심각한 표정을 지었다. 선생님은 잠시 사이를 두었다가 다시 말을 이었다.

"신상 공개는 현대 사회가 만들어 낸 새로운 형벌 가운데 하나입니다. 정신적 형벌이지요. 효과는 좋지만 지금 보듯이 생각지 못한 피해가 발생할 수 있습니다. 따라서 신중하게 잘 활용해야 해요. 은솔이 얘기는 그런 뜻이죠?"

선생님은 아주 이례적으로 편을 들 듯이 은솔이에게 힘을 실어 주었고, 은솔이는 고갯짓으로 선생님에게 화답했다.

언젠가 선생님은 이런 말을 한 적이 있었다. 소수 의견을 잘 들어야 한다고. 그래야 진짜로 좋은 선택을 할 수 있다고.

소수 의견이기는 했지만 은솔이가 진 토론은 아닌 것 같았다.

여덟 번째 토론 :

영어 외에 다른 언어를
배울 필요가 있을까?

재우는 어릴 때 프랑스에서 살았다고 한다. 그게 언제인지는 자세히 듣지 못했는데 마치 평생을 프랑스에서 산 것처럼 말할 때가 있다. 가령 이런 식이다.

"너희들이 프랑스에 안 가 봐서 잘 모르겠지만, 프랑스어가 공용어인 것 같지? 근데 파리 교외에서는 아니야. 거기는 아랍어가 공용어야."

아랍계 이민자들이 많다는 건 알겠는데, 공용어라고 할 만큼 널리 쓰인다니 놀라울 뿐이었다.

"아랍어가 말이야, 김 빠지는 소리가 많이 나. 원래 사람이 낼 수 있는 소리가 70개 정도 되는데, 우리가 보통 40개를 쓴다고 하거든. 근데 우리말에는 콧김 빠지는 소리가 없잖아? 그 사람들은 있어. 슈, 히, 이렇게 말이야."

재우의 말이 어디까지 근거가 있는 건지는 모르겠지만 듣고 있으면 나름 흥미로운 부분이 있다. 파리 근교에서 차 고치는 사람은 아랍 사람이 절반이라는 얘기며, 아파트 주차장마다 죄다 차를 들어 올린 채 불법으로 차를 고치고 있다는 얘기 등등. 재우는 말끝마다 "프랑스 가고 싶다."라면서 추억에 잠기곤 했다.

다시 프랑스 얘기가 나온 것은 엉뚱하게도 토론 시간이었다. 한때는 중요하게 여겼던 과목이었다가 이제는 유명무실해진 '제2외국어'가 주제였다. 선생님은 우리나라의 제2외국어 문제에 대해 얘기를 꺼냈다.

"제2외국어라는 말 자체가 문제라고 얘기하는 사람도 많습니다. 영어 말고 다른 나라 말은 전부 제2외국어냐 하는 푸념이지요. 물론 일리 있는 얘기입니다. 하지만 현실을 무시할 수는 없습니다. 외국어를 배운다면 당연히 영어를 제일 먼저 배워야 하니까요. 최소한 그런 현실 자체는 인정을 해야 한다고 생각합니다. 다음 문제는 영어 말고 다른 외국어도 더 배울 거냐, 아니면

116

영어로 충분하냐, 이것이죠. 예전에는 독일어도 배우고, 프랑스어도 배웠습니다. 또 한때는 중국어 열풍이 불기도 했고요. 시대의 흐름에 따라 꼭 필요하다고 여기는 제2외국어도 계속 변하고 있어요."

선생님이 설명을 하는 중에도 재우는 뭔가 할 말이 있다는 듯이 엉덩이를 들썩거렸다. 선생님은 재우에게 기다리라는 뜻으로 여러 번 손짓을 했다.

"영어뿐만 아니고 다른 나라 말도 배워야 한다! 이 주장은 재우가 조금 있다가 얘기해 주기로 하고요. 아니다, 영어면 충분하다! 이 주장은 누가 해 볼까요?"

선생님 말씀이 끝나고 잠시 사이를 두는 사이에 창가 쪽 자리에서 한 아이가 수줍게 손을 들었다.

승민이였다.

승민이는 행동이 느리고 말이 별로 없는 아이였다. 외국과는 인상 자체가 아주 멀었다. 어려서 시골에서 살았다고 하고 한자를 꽤 많이 아는 것 같았다. 재우와는 그야말로 정반대의 캐릭터라고 할 수 있다. 예전에 짝이었던 은솔이 말에 의하면 책도 많이 읽는다고 한다. 선생님은 손을 든 승민이를 보면서 환하게 웃었다.

"승민이는 영어만 잘하면 된다는 주장을 할 거죠?"

선생님이 다시 한번 확인을 했고 승민이는 말없이 고개를 끄덕였다.

싸움판에 오르고 싶어서 몸이 단 동물처럼 재우가 재빨리 일어나 앞으로 향했다. 프랑스어로 인사라도 할 기세였다. 하지만 재우는 아이들의 기대와 달리 약간 도발적인 퀴즈 내기로 토론을 시작했다.

제2외국어는 선택이 아니라 필수다

세계에서 가장 많은 사람이 쓰는 언어가 중국어입니다. 그렇다면 그다음으로 많이 쓰는 언어는 어떤 언어일까요? 2등은 영어가 아니라 스페인어입니다. 남아메리카 대부분의 나라가 쓰는 진짜로 중요한 언어이지요. 미국에도 스페인어를 쓰는 사람들이 아주 많습니다. 우리가 보통 히스패닉Hispanic이라고 부르는 사람들의 언어가 바로 스페인어입니다.

이처럼 세상에는 영어만큼이나 중요한 언어가 많습니다. 잘 알다시피 유엔의 공용어는 영어 말고도 스페인어, 아랍어, 중국어, 그리고 프랑스어가 있는데 어느 것 하나 무시할 수 없는 중요한 언어입니다. 그런데 우리나라에서는 이 중요한 언어에 대한 교육이 제대로 이루어지지 않고 있습니다. 큰 문제이고, 큰 실수가 아닐 수 없습니다.

2005년 프랑스 교육부는 '외국어 교육 개정 계획'을 발표했습니다. 그 목표는 바로 의무 교육 기간(만 6세~만 16세) 동안 모국어 이외에 두 개의 언어 능력을 키운다는 것입니다. 2013년부터 프랑스 대학 입학 자격 시험인 바칼로레아에서 제1외국어와 제2외국어 두 개는 일반계나 기술계 모든 학생들에게 필수 응시 과목이 되었습니다. 즉, 국민 모두가 3개 국어를 하는 나라를 꿈꾸고 있는 것입니다.

프랑스뿐만 아니라 유럽 대부분의 나라에서는 모국어 외에 2개 국어를 하는 사람들이 엄청나게 많습니다. 거의 발에 채일 정도입니다. 그 사람들 뇌에는 3개의 언어가 박혀 있습니다. 이걸 언어의 트라이앵글이라고 하는데, 어린 나이에 언어에 노출되면 서로 충돌 없이 3개의 언어를 자유자재로 구사할 수 있도록 뇌가 정리된다는 의미입니다.

우리는 그런 친구들과 앞으로 경쟁을 해야 합니다. 영어 몇 마디 하는 정도로는 당연히 경쟁력이 없습니다. 영어를 유창하게 하면서도 최소한 유엔 공용어 하나 정도는 더 해야 한다고 생각합니다.

뇌에는 '가소성可塑性, plasticity'이 있다고 얘기합니다. 가소성은 가지고 있던 기능이 아닌 새로운 기능을 받아들일 수 있는 능력을 말합니다. 지금은 버거울지 몰라도 우리는 얼마든지 새로운 언어를 배울 수 있습니다. 뇌는 40세에서 65세 사이에 가장 활발하다고도 합니다. 치매를 막는 데 가장 좋은 방법도 다른 나라

말 배우기라고 하고요. 외국어를 배우는 데 늦은 나이는 없습니다. 제2외국어는 필수이면서, 동시에 아주 훌륭한 선택이라고 할 수 있습니다.

중요한 정보는 모두 영어로 오간다

재우가 워낙 말을 잘했기 때문에 우선 재우의 의견에 대해서 반박한 다음에 제 주장을 정리해 보겠습니다.

첫째, 언어의 트라이앵글이라고 했는데, 그것이 가능한 것은 12세 정도까지입니다. 그 나이가 넘어가면 세 번째 언어가 들어가는 데 아주 어렵다는 얘기가 있습니다. 이른바 '간섭'이라고 하는데 첫 번째, 두 번째 언어에 대한 기억이 너무 강해서 세 번째 언어가 자리를 잘 못 잡는 현상을 말합니다.

둘째, 유럽에 3개 국어 이상 구사하는 사람들이 많은 것은 같은 어족(語族)에 속하기 때문이 아닐까 싶습니다. 알파벳을 같이 쓴다는 점도 아주 중요하게 작용했겠고요. 영어 같은 경우 단어의 3분의 1 이상이 프랑스어에서 유래해 단어의 형태와 뜻이 비슷합니다. 또 프랑스어와 재우가 말한 스페인어, 이탈리아어, 루마니아어는 남유럽어, 즉 로만어로 묶입니다. 유럽 사람들은 그만큼 여러 가지 언어를 구사하기 좋은 환경에 있습니다. 그런 면에서 우리가 아주 불리한 것도 맞고요. 이 언어들 중 하나를 모국어로 쓰는 사람은 나머지 언어들을 아주 빨리 배울 수 있겠지요.

저는 일단 영어를 잘하는 게 중요하다고 생각합니다. 제2외국어도 생각해 보지 않을 건 아니지만 영어가 먼저라는 뜻입니다. 미국 성인이 구사할 줄 아는 영어 단어가 7만 개쯤 됩니다. 여기서 구사할 수 있다는 것은 단순히 뜻을 안다는 정도가 아니라, 정확한 위치와 의미를 알면서 말하고, 듣고, 쓸 수 있다는 뜻입니다. 우리가 24시간 몰입해서 언어만 공부를 할 수 있는 것도 아니기 때문에 7만 개 단어를 자유자재로 쓰려면 많은 노력이 필요하고, 그다음에 다시 제3의 언어를 공부한다는 것은 현실적으로 쉽지 않을 것 같습니다.

또 중요한 것은 언어가 아니고 정보라고 생각합니다. 사실 언어는 쓸 일이 별로 없을 수도 있습니다. 하지만 정보는 경쟁력 면에서 반드시 필요합니다. 우리가 습득하는 대부분의 정보는 아직 언어를 통해서 들어오고, 특히 전 세계 정보의 95퍼센트가 영어로 유통됩니다. 의학이나 과학, 사회과학, 심지어 인문학도 사정이 다르지 않습니다. 독일의 칸트 철학도 요즘은 영어로 된 연구 논문이 더 많다고 합니다. 영어를 잘해서 더 많은 정보를 더 빨리 받고 또 전달할 수 있어야 우리나라가 더 발전할 수 있는 게 아닐까 싶습니다.

세계화 시대를 살아가려면 제2외국어는 꼭 필요해. 영어만으로는 부족하지.

대부분의 정보는 영어로 유통되고 있어. 굳이 다른 언어를 또 배워야 할까?

우리 뇌는 가소성이 있어서 얼마든지 새로운 언어를 받아들일 수 있다던데? 치매 예방에도 좋고 말이야.

공부할 게 많은데, 영어만 제대로 하면 되지 않을까?

제2외국어는 입시 때문이 아니라 어른이 되어 여유가 생겼을 때 도전해 보고 싶어.

어떻게 생각하나요?

  승민이의 말을 듣고 있자니 뿅망치로 여러 번 머리를 맞는 것 같은 느낌이 들었다.

  '어쩌면 저렇게 말을 깔끔하게 하지?'

  처음에는 단순히 그런 생각이었는데, 들으면 들을수록 말에 믿음이 가고 생각에 깊이가 느껴졌다. 뭐랄까, 철학적이면서 실용적이랄까. 하여튼 재우의 재기발랄함의 반대편에 있어서 그런지 승민이의 말이 훨씬 더 묵직하게 여운이 남았다. 꼭 기록해 두어야 할 역대급 토론이었던 것 같다.

  선생님은 자리로 돌아가는 승민의 어깨를 한 번 툭 치고는 재우를 향해서도 엄지손가락을 들어 보였다.

  "승민이 말이 맞습니다. 우리는 여러 가지 언어를 배우기에는 불리한 환경에 있죠. 인도·유럽어를 모국어로 하는 사람들처럼 몇 달 공부해서 금세 언어 하나를 더 얻을 수 있는 것도 아니고요. 자료 하나를 보여 줄게요. 대한무역투자진흥공사(KOTRA)의 122개 해외 무역관에 파견한 336명의 직원들 중 134명(40%)은 현지어를 구사하지 못한다고 합니다. 영어만 하지 프랑스어

125

나 아랍어 같은 제2외국어는 못 한다는 뜻입니다. 재우 말처럼 아직 머리가 굳은 게 아니니까 제2외국어를 열심히 배워야 할까요, 아니면 승민이 말처럼 영어 하나라도 더 깊이 잘하는 게 맞을까요?"

아이들 생각은 재우보다는 승민이 쪽이었던 것 같다. 영어 하나만 잘하자, 영어도 못하는데 무슨 프랑스어야, 이런 생각을 하고 있는지도 모르겠다. 선생님은 그런 아이들을 보고는 빙긋이 웃었다.

"물론 영어도 쉬운 게 아닙니다. 언어 체계도 전혀 다르고 공교육 시스템상으로도 보완해야 할 부분이 많습니다. 그러니 영어를 완전히 마스터하려면 앞으로 할 일이 많습니다. 영어 발음도 교정을 해야 하고, 영어 실력을 높일 필요가 있습니다. 영어 공부가 당연히 우선이지요. 어차피 전공 공부를 위해서는 영어 책을 읽지 않을 수 없기도 하고요. 7만 단어를 외워야 된다고 했나요?"

선생님은 승민이 쪽으로 눈길을 돌렸고, 승민이도 수줍은 듯 고개를 끄덕였다.

"하지만 언젠가 시간도 되고 경제적 여유도 생기면 다른 나라에 가서 그 나라의 언어를 배워 보는 것, 그것도 아주 좋은 생각인 것 같아요. 일본어를 배우는 것도 좋을 것 같고요. 전 세계에서 일본어를 가장 잘할 사람들이 우리라고 하니까요. 아니면 남프랑스의 작은 마을에 가서 2주 코스로 프랑스 어학원을 다니면 어떨까요? 그건 재우한테 정보를 얻으면 되겠네요. 그런 곳에 다녀오고 나면 세상을 보는 눈이 조금 달라지지 않을까요?"

선생님은 꿈꾸는 사람처럼 말을 이어 가다가 잠시 멈추었다.

"여기 말고 세상은 다 외국입니다. 여러분의 마음속에는 어떤 외국이 있나요? 그곳을 꿈꾸다 보면 언젠가 그 나라 언어를 배울 생각이 들기도 하겠지요. 저는 이렇게 생각합니다. 경쟁력을 위해서는 당연히 영어가 중요합니다. 그렇다면 제2외국어는요? 그건 우리가 어려서부터 가지고 있던 꿈 같은 게 아닐까요? 외국어를 배운다는 것은 결국 꿈을 꾸는 일과 크게 다르지 않다고 봐요."

선생님의 마지막 말이 오래도록 우리 가슴에 남았다.

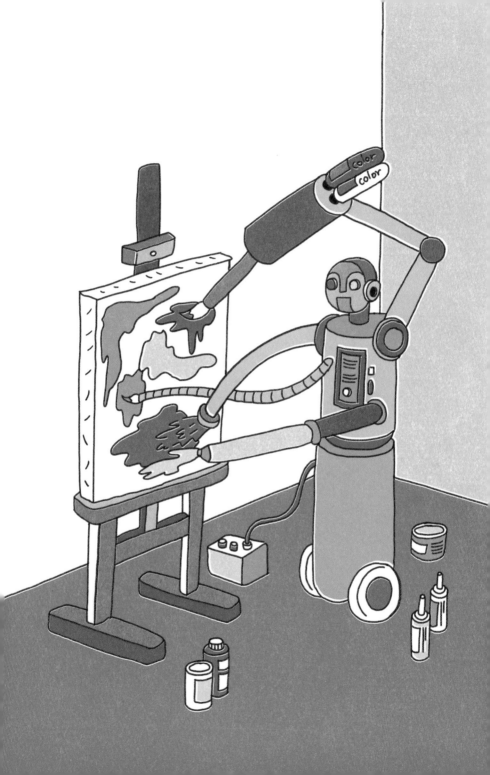

AI 화가

예술은 누구의 것일까?

사람이 만든 AI(인공지능)가 사람을 이긴 예는 너무 많아서 이제는 식상할 정도다. 우리의 관심은 오히려 "AI의 시대에도 사람이 할 일이 남아 있을까?"라는 쪽으로 옮겨 온 지 오래다. 사람만이 할 수 있는 일, 그런 직업을 찾아야 그나마 AI를 보조하면서 생존할 수 있다는 이야기는 이미 많이 들어 봤을 것이다. 물론 "AI에게 모든 일을 시키고 사람은 놀면 되지."라고 이야기하는 사람도 있기는 하다.

그런 가운데도 우리나라에서 AI가 대체할 수 없는 직업이 두 가지가 있다고 한다.

하나는 판사다. 옳고 그름을 판단하는 것은 사람만 할 수 있고 기계는 못 한다는 뜻이 아니다. 우리나라 판사들이 상식에 반하는 판결을 많이 해서 상식에 도통한 AI가 흉내를 못 내기 때문이라고 한다.

회계사도 그렇다. 계산만 잘해서는 회계사로 먹고살기 힘들다. 기업이 돈을 잘 못 벌었어도 돈을 잘 번 것처럼 '꾸며 주어야' 할 때가 있는데, 이걸 '분식 회계'라고 한다. AI는 회계는 잘해도 분식 회계에는 젬병이기 때문에 회계사도 살아남을 수 있다고 한다.

몰상식과 비리가 인간의 장기라는 점을 이런 우스갯소리로 대신하는 것이다. 그만큼 인간이 별로 할 일이 없는, AI에 압도된 시대가 왔다.

독일에서는 AI가 쓴 책도 나왔다. 딥러닝을 통해서 기존에 나와 있는 자료들을 다 섭렵한 다음 말끔히 정리해서 책을 만든다. 사람은 그저 분야만 정해 주면 된다. 가령, '리튬 이온 배터리'라는 제목을 줬더니 참고 문헌과 각주까지 달아서 AI가 270쪽짜리 책을 완성했다고 한다. 그래서 저자가 AI, 베타 라이터(Beta Writer)이다.

그렇다면 예술은 어떨까? 가령, 사람은 그저 "그림 그리기!"라고 명령만 내리고 AI가 혼자서 새로운 그림을 만들어 낸다면 그 작품 역시 그림이라고 할 수 있을까? 이게 바로 오늘 토론 시간의 주제였다.

최신 트렌드 쪽으로는 나름 정보가 빠른 재우가 의기양양하게 손을 들었다.

"선생님 요즘은 AI가 시도 쓴다고 알고 있습니다. 사람이 쓴 시와 AI가 쓴 시를 구별하기가 쉽지 않다는데요?"

"맞아요. 그것뿐만이 아닙니다. '나비'라는 주제를 주고 그림을 그리게 했더니 사람이 그린 것보다 AI가 그린 것에 더 높은 점수가 나왔다는 연구 결과도 있죠. 이 정도면 이제 AI도 화가라고 인정을 해야 하는 거 아닐까요?"

"하지만 선생님! 카메라가 노을 지는 풍경을 찍었다고 해서 카메라를 사진작가라고 할 수 있나요?"

은솔이가 조심스럽게 반론을 제기했다. 선생님은 은솔이 쪽으로 고개를 돌리면서 물개 박수를 쳤다.

"맞아요. 좋은 지적이에요. 사람이 아무것도 하지 않는 게 아닌 이상 그것 역시 사람의 작품이라고 볼 수도 있겠지요."

선생님은 스스로에게 흡족한지 고개를 끄덕거리면서 잠시 사이를 두었다.

"문제는 사람이 하는 일이 점점 줄어든다는 겁니다. 사진을 찍을 때 눈으로 관찰하고 구도도 잡으니까 사람의 작품이 맞는데, 그것마저도 카메라가 이리저리 방향을 돌리든가 시간을 기다리든가 하면 얘기가 다르겠지요. AI가 딱 그렇습니다. 사람은 시작 버튼만 누르지 사실은 하는 게 거의 없습니다. 자율주행차 같은 걸 보세요. 운전자는 전적으로 AI죠. 마찬가지로 그림도 AI가 그렸다면 AI를 화가라고 해야 하지 않을까요? 여러분 생각은 어때요? AI 화가도 어엿한 화가라고 생각하는 사람?"

재우가 가장 먼저, 당당하게 손을 들었다.

"좋아요. 그럼 지난 시간에 이어 이번에도 재우가 찬성 토론을 하고요. AI 화가는 화가가 아니라고 생각하는 사람도 손을 들어 보세요."

반론을 제기한 은솔이가 잠시 머뭇거리는 사이 수빈이가 손을 들었다.

"좋습니다. 반대 토론은 수빈이가 하겠습니다."

AI 화가도 능력 있는 화가다

파리의 대표적 미술관으로 루브르 미술관과 오르세 미술관이 있습니다. 프랑스 혁명이 있었던 1848년을 기준으로 루브르에는 혁명 이전의 작품이, 오르세에는 그 이후의 작품이 전시되어 있습니다. 저는 개인적으로 루브르를 더 좋아합니다. 인상파 이전 미술이 이후 미술보다 제 취향에 맞습니다.

또 하나 특히 루브르를 좋아하는 이유는 루브르의 그림에서는 시간의 흐름을 아주 쉽게 읽을 수 있다는 점 때문입니다. 이탈리아든 프랑스든 네덜란드든 13세기 미술은 13세기 미술의 특징이 있고, 14세기, 15세기도 마찬가지입니다. 인류의 그림은 그때까지만 해도 거의 비슷한 속도로 발달해 왔습니다.

그중에서도 제가 제일 좋아하는 화가는 루벤스입니다. 색깔, 구도, 메시지 어느 것 하나 빠지지 않지만 무엇보다 제일 높이 사는 것은 그의 데생 실력입니다. 루벤스는 실물 묘사가 아주 정확합니다. 16세기에 태어나 17세기에 죽은 사람이 새와 꽃을 그렇게 치밀하게 그렸다는 점에서 놀라지 않을 수 없습니다. 젊어서 이탈리아로 그림 유학을 떠나기 전에도 그는 엄청난 소묘 화가였습니다.

그런데 더 놀라운 것은 화가들의 묘사력은 루벤스 이후에도 계속 더 좋아졌다는 점입니다. 렘브란트에 오면서 그림 그리는 실력이 더 늘었고, 이탈리아 화가 카라바조는 질감과 분위기까지 완벽하게 표현하는 그림을 그렸습니다. 얼마나 심혈을 기울여 붓질을 했을지 그 터치가 아주 놀랍기만 합니다.

니콜라 푸생도 제가 좋아하는 화가 중 하나입니다. 그는 루벤스나 렘브란트, 카라바조보다는 덜 유명하지만, 실력은 더 좋았다고 합니다. 구도, 명암, 색채, 묘사 모두 경지에 올라섰습니다. 저는 AI가 그림을 그리면 정확하게 푸생과 같은 그림을 그릴 것 같습니다. 한마디로, 흠잡을 데 없는 완벽한 그림이죠. 그래서 인간미가 없다는 평을 들을지 모르지만 그것 역시 푸생과 AI의 특징이라고 생각합니다. 그런 화가가 하나쯤 있다고 해서 나쁠 것 없다는 게 제 생각입니다. 기술로는 더 앞설 수 없는 화가, 그게 AI가 아닐까요?

AI가 화가가 된다고 해서 모든 화가가 없어져야 하는 것은 아닙니다. 푸생과 베르메르 이후에도 그림은 살아남았고, 인상파라는 새로운 시도도 있었습니다. 20세기로 들어오면서 큐비즘이

나왔고, 팝아트가 등장했지요. 누구는 변기를 꺼내 놓고 예술이라고 정의하기도 했습니다. 이렇게 인간의 그림은 앞으로도 계속 나올 것입니다. 그런 가운데 AI가 있다고 해서 그림이 달라지지는 않을 거라고 믿습니다. AI도 역시 지난 세월의 그림을 전부 섭렵한 능력 있는 화가 중 하나일 뿐이니까요.

저는 AI 화가가 오히려 인류가 향유할 미술 분야를 더 풍성하게 할 거라고 생각합니다.

아름답다고 다 예술은 아니다

재우의 발표를 통해서 단 몇 분 만에 서양 미술사를 전부 공부한 것 같은 느낌입니다. 푸생은 처음 듣는 화가인데, 역시 프랑스에서 공부한 사람은 다르다는 걸 느꼈습니다.

그런데 저는 재우와 생각이 조금 다릅니다. 그림에 대해서는 잘 모르지만 예술을 AI가 할 수는 없다고 생각합니다.

경복궁 근정전에 올라가 동서남북으로 향해 있는 문을 열고 바깥을 내다보면 그야말로 그림 같은 풍경이 펼쳐집니다. 문틀이 정확하게 직사각형 화판 모양이라서 바깥 풍경을 안에서 보고 있으면 그림을 보는 것인지 자연을 보는 것인지 정말 헷갈립니다. 사방이 그야말로 시시각각 변하는 그림이 되는 거지요. 서울 경희궁 옆 서울 역사박물관 북쪽 창문도 그렇습니다. 그 창문을 통해 보는 북악산 풍경은 사람이 그린 어떤 그림보다도 아름답습니다.

하지만 그럼에도 불구하고 그 창문 속 그림이 예술이 되는 것은 아닙니다. 아름답다고 해서 다 예술은 아니라는 뜻입니다. 제

생각에는 자연이 빚어 놓은 어떤 형상도 예술이라고 정의해서는 안 된다고 봅니다. 지는 해를 찍은 사진을 예술이라고 할 수는 있지만, 지는 해는 예술이 아닌 거지요. 예술은 아름다움이나 완벽함의 문제가 아니고 생각의 문제라고 믿기 때문입니다. 가령 근정전 창문 하나를 잡고 그 앞에 네모 틀을 놓은 다음에 어떤 사람이 '시간을 붙잡는 일'이라고 이름을 붙인다고 합시다. 그런 다음에 오후 내내 이 사람이 직접 거기 서 있다면요? 그때는 그 장면이 예술이 될 수 있습니다. 예술이란 '특별한 재료, 기교, 양식 따위로 감상의 대상이 되는 아름다움을 표현하려는 인간의 활동 및 그 작품'이기 때문입니다.

알타미라 동굴 벽화도, 운주사의 와불도 솔직히 제 눈에는 그렇게 아름답지 않습니다. 하지만 논점은 그게 아닙니다. 그게 아름답다고 생각하고 그걸 표현하고자 하는 사람이 있었다는 게 중요합니다. 그런 의미에서 예술은 인간의 전유물이라고 믿습니다. 인간의 작품이 AI보다 당연히 조잡할 수 있습니다. 그래도 그 안에는 예술을 하고자 하는 의지가 있습니다. 그런 의미에서 미술사학자 곰브리치의 말이 맞는 것 같습니다.

"예술이라는 것은 없다. 오직 예술가가 있을 뿐이다."

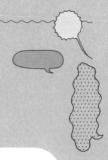

이제는 AI 시대야.
AI가 책도 써서 베스트셀러가 되었다는데,
그림도 마찬가지가 아닐까?

잘 그린다고, 아름답다고 다 예술은 아니야.
석양이 아름답지만 예술은 아닌 것처럼.

AI도 예술가가 될 수 있지. 사람이 그렸느냐,
AI가 그렸느냐의 차이가 있을 뿐이고.

지금 시대는 예술 활동 중에서 AI의
역할이 있을 수밖에 없고 그 한계를 어디까지로
두느냐가 관건인 것 같아.

어떻게 생각하나요?

마지막에 수빈이가 곰브리치를 인용할 때는 재우도 적잖이 놀라는 눈치였다.

선생님도 수빈이 발표가 아주 마음에 들었던 모양이다. 끝나고 나서도 2~3분 정도 어떤 평가를 해야 하나 고민을 하는 것 같았다. 드디어 선생님이 고개를 들었다.

"진짜 어려운 문제죠? AI 얘기를 하려고 했는데, 예술 철학 시간이 되고 말았어요. 여러분의 토론 실력이 놀랍기도 하고 대견하기도 하네요. 재우 말 중에 변기를 놓고 예술이라고 했다는 사람은 변기 예술가 마르셀 뒤샹Marcel Duchamp 같은데, 제가 알기로는 우리나라 현대미술관에서도 전시한 적이 있습니다. 그리고 수빈이 얘기는……."

선생님은 말을 잇지 못할 정도로 수빈이의 지적에 공감하는 것 같았다.

"그렇죠. 예술이 꼭 아름다워야 하는 건 아닙니다. 바흐의 음악을 들을 때마다 곡을 의뢰한 사람이 화를 냈다는 얘기도 있고, 오스트리아 황제 요제프 2세는 모차르트에게 "너무 음이 많다."며

툴툴거렸다고 하지요. 바그너 음악을 듣고 청중들이 그를 무대에서 쫓아낸 적도 있고, 피카소 그림이라고 해서 모든 사람들이 좋아하는 건 절대 아닙니다. 그리다 만 것 같다, 성의가 없다, 이렇게 얘기하는 사람들이 있었다고 하니까요. 그리고 또 수빈이 말에 의하면, 중요한 것은 예술을 하고자 하는 의지라는 거지요?"

"네, 선생님."

"아주 좋은 지적입니다. 충분히 동의를 하고요. 다만 한 가지 생각해 봐야 할 것은 어디까지가 인간의 활동이냐 하는 것이겠지요. 카메라를 조작하는 것은 인간의 활동이지만, AI를 프로그래밍 하는 것은 인간의 활동이 아니다, 이럴 수는 없는 거니까요."

선생님은 아이들을 지긋이 바라보다 말을 이었다.

"너무 어렵게만 생각하지 말고, 한번 여러분이 판단해 보세요. 전제는 '사람과 컴퓨터가 일을 나눠 할 수밖에 없다.'라는 것입니다. 그렇게 전제를 한 다음에, 예술이 되기 위해서는 최소한 이것까지는 사람이 해야 한다, 그런 걸 찾을 수 있을까요? 버튼은 사람이 눌러야 예술이 된다, 그렇게 말할 수 있을까요? 그리기는 기계가 그려도, 그리는 과정 자체는 인간이 프로그래밍 해야 된다, 이렇게 말하면 될까요? 다음 두 번째 전제로 '예술은 예술을 하고자 하는 의지의 표현이다.'라는 거예요. 인간은 의지가

있지만, AI는 의지가 없기 때문에 AI의 그림은 예술이 아니다,
이럴 수 있을까요? 기본적으로 작품은 무엇일까요? 인간은 작품
을 만들 수 있지만, AI는 작품을 만들 수 없는 걸까요?"

선생님은 상기된 얼굴로 빙긋 웃었다.

"이것이 오늘 재우랑 수빈이가 우리한테 내준, 아주 힘든 숙제
입니다."

아이들은 답이 뭔지도 모르면서 괜히 뿌듯한 얼굴이었다. 다
들 토론 수업 때문에 별생각을 다 해 보는 것 같다.

빨리빨리 문화

열 번째 토론:

뭐든 빨리하는 게 좋은 걸까?

지난 시간에 수준에 맞지 않게 예술이란 무엇인가에 대해 토론했던 아이들은, 선생님이 오늘 주제를 칠판에 적자마자 깔깔 웃음을 터뜨렸다. 제목은 바로 '빨리빨리 문화'였다.

선생님은 아직 아무 말도 하지 않았는데 몇몇이 벌써 손을 번쩍 들었다.

"이렇게 열심히 손을 드는 걸 보니까, 무슨 주제인지는 다 아는 것 같고. 우리나라의 대표적인 빨리빨리 문화에는 어떤 것이 있을까요?"

"식당 가서 밥 빨리 달라고 하는 거요!"

"신호 바뀌면 바로 빵빵거리는 거요!"

"엘리베이터 타고 닫힘 버튼을 마구 누르는 거요!"

예가 하나씩 나올 때마다 아이들의 폭소가 터졌다. 선생님은 가만히 아이들의 반응을 지켜보다가 조금 잠잠해지자 차분한 목소리로 말했다.

"외국의 음악가들이 우리나라에 연주하러 와서 음악을 공부하는 어린아이들을 보면 세 번 놀란다는 얘기가 있어요. 어린 학생이 연주하겠다고 하는 곡이 그 음악가가 스무 살이 넘어서야 겨우 손대기 시작한 엄청난 곡이라서 놀라고, 그런데도 그 어려운 곡 연주를 너무 잘해서 놀란다고 합니다. 그러면 세 번째는 뭘까요?"

교실이 조용해졌다.

"방금 연주한 그 곡보다 훨씬 쉬운, 아주 기초적인 곡을 시켜보면 너무 못해서 놀란다는 거죠."

한동안 웃기만 하던 아이들이 살짝 주춤하는 것이 느껴졌다. 개중에 어떤 아이는 "오!" 하면서 탄성을 내뱉기도 했다.

"우리의 조급증이 빚어낸 병폐 가운데 하나죠."

선생님 얼굴에서 웃음기가 사라졌다.

"아까 엘리베이터 이야기를 했는데, 뉴욕 고층 빌딩 엘리베이터에서 닫힘 버튼을 누르는 건 우리나라 사람이 유일하다고 합니다. 더 재미있는 것은 엘리베이터 안에 있는 사람들이 '아, 이 사람은 진짜 급하구나!'라고 생각해서 전부 옆으로 자리를 비켜 준다는 거지요. 도착하면 빨리 내리라고요. 이게 한국 사람들의 이미지가 되었습니다. 여러분 혹시 1나노초가 얼마인지 아나요?"

"10억 분의 1초입니다."

과학반 대표이기도 한 현우가 재빨리 대답했다. 선생님은 검지손가락을 들어 가볍게 가로저었다.

"그렇게 얘기하면 여러분이 감 잡기가 어려울 거예요. 1나노초는 서울 강남 한복판에서 신호가 파란색으로 바뀌고 나서 뒤에 있던 차가 경적을 울릴 때까지 걸리는 시간이라고 합니다."

아이들 중 몇몇은 작게 웃었고, 또 몇몇은 선생님의 말이 잘 이해가 되지 않는지 별다른 반응을 보이지 않았다. 선생님은 가볍게 한숨을 쉬었다.

"오래전에 KBS '스펀지'라는 프로그램에 나온 얘기 중에서 우리가 얼마나 빨리빨리를 중시하는지를 단적으로 보여 주는 예를 살펴볼게요.

① 자판기 커피컵 나오는 곳에 손을 넣고 기다린다.

② 화장실 들어가기 전에 지퍼를 먼저 내린다.

③ 삼겹살이 익기 전에 먼저 먹는다.

④ 3분 컵라면을 3분이 되기 전에 뚜껑을 열어 먹는다.

⑤ 영화관에서 엔딩 크레딧이 올라가기 전에 일어서서 나간다.

⑥ 화장실에서 볼일을 보는 동시에 양치질을 한다.

⑦ 웹사이트가 3초 안에 안 열리면 닫아 버린다.

⑧ 편의점에서 음료수를 미리 마신 뒤에 계산한다.

여러분은 어떤가요? 여러분도 혹시 이렇게 하나요? 어느 나라 관광지를 가든 우리나라 사람을 상대하는 사람들은 '빨리빨리'라고 우리말 흉내를 낸다고 하죠. 자, 그럼 오늘의 주제입니다. 이런 우리의 특성을 고쳐야 할까요? 아니면 굳이 고칠 필요가 없을까요?"

아이들 반응으로 봐서는 당연히 고쳐야 한다는 쪽이 훨씬 많은 것 같았다. 그 의견을 승민이가 내기로 했고, 고칠 필요가 없다는 의견은 주영이가 내기로 했다.

빨리빨리 문화는 위험하다

조급하다, 불편하다, 이런 차원의 문제가 아닙니다. 우리 사회 곳곳이 빨리빨리 때문에 병들어 가고 있다는 점이 더 문제라고 생각합니다. 우리가 원래 성격이 급한 것일 수 있습니다. 하지만 아무리 생각해도 인종적으로, 태생적으로, 우리가 성격이 급한 것 같지는 않습니다. 충청도 사람은 느리다고 하는 걸 보면 우리 민족 전체가 급할 리도 없습니다. 그렇다면 우리가 잘 알지 못하는 가운데 은연중에 우리의 성격을 규정한 문제가 있었다는 얘기인데, 그게 어떤 것인지에 따라 이 문제가 훨씬 더 심각한 문제로 나타날 수 있습니다. 그런 병적인 원인이 있다면 빨리 고쳐야 되겠지요.

요즘 수도권 집중 문제가 큽니다. 어제오늘의 일이 아닙니다. 거의 모든 정치인들이 '지역 균형'을 외칠 만큼 전국에서 '서울 러시' 현상이 뜨겁습니다. 이것 역시 빨리빨리 문화와 관련이 없지 않다고 생각합니다. 우리는 언제부터인지 '서울로 가서 성공해야 한다'는 강박관념에 시달리고 있습니다. 그게 어려서부터 우리를 뒤에서 밀고 있는 것은 아닌지 심각하게 고민해 보아야 합니다. 서너 살도 되기 전에 영어를 배우고, 초등학교 때부터 고등학교 과정을 공부하는 것도 결국은 빨리 앞서가야 뒤처지지 않는다는 생각 때문이겠지요.

우리나라 인구 밀도는 1제곱킬로미터당 515명으로, 세계 24위입니다. 게다가 국토 면적의 12퍼센트에 불과한 수도권에 인구의 절반이 몰려 있으며, 서울의 인구 밀도는 1제곱킬로미터당 15,964명으로 세계 최고 수준입니다. 1960년대에는 '지방민의 서울 이주를 허가제로 하는 입법'을 주장하는 목소리까지 나올 정도였습니다. 그만큼 우리는 서울만 보면서 살고 있습니다. 그게 가장 결정적으로 우리 삶을 급하게 만드는 요소라고 생각합니다. 먹고살 만해진 지금도 빨리 회사에 가고 빨리 학교에 가고, 빨리 서울로 가야 성공할 수 있다는 생각을 하고 있는 것은 아닐까요?

여기에다 분단으로 인한 사회 불안도 한몫을 했다고 봅니다. 지금은 상상도 못 하겠지만, 1945년 9월 7일부터 1982년 1월 5일까지 자그마치 36년 4개월 동안 야간 통행금지 제도가 있었다고 합니다. 일제 강점기와 맞먹는 오랜 기간 동안 '밤에는 못 다니는 사회'에서 산 것입니다. 빨리 집으로 들어가야 하는 불안한

삶 속에서 무엇을 하든 급히 하지 않을 수 없는 문화가 자연스럽게 생기지 않았을까요?

이처럼 출세와 성공, 불안이라는 비정상적인 환경이 만들어 낸 것이 빨리빨리 문화입니다. 이제 공존과 평화의 세상을 앞에 둔 지금, 우리 속의 조급증을 치유할 때가 되었습니다. 그렇지 않으면 이것이 더 나쁜 에너지로 우리 삶의 근간을 흔들 수도 있습니다.

빨리빨리 악마가 될 수도 있습니다.

어쩔 수 없었던 문화의 소산이다

저는 근본적으로 우리가 진짜 조급한가, 아니 정확히 말하면, 다른 나라 사람에 비해서 더 조급한가에 대해서 생각해 보았습니다. 미국은 못 가 봤지만 영화 같은 데서 보면 미국 사람들도 닫힘 버튼을 누르는 걸 본 것 같기도 하고요. 혹시 우리가 특별히 더 조급하다면 그 이유는 다른 데 있을 거라고 생각합니다.

승민이 말처럼 우리의 역사 자체가 그리 녹록지 않았습니다. 천천히 살도록 기다려 준 적이 거의 없습니다. 거슬러 올라가면 일제 강점기가 있습니다. 그때 모든 국민들은 스트레스 속에 살았습니다. 일제 강점의 경험과 상처, 그리고 분단과 전쟁이 이어지면서 "조금만 더 빨리 세상에 눈을 떴더라면, 조금만 더 빨리 서구의 발전된 문화를 받아들이고 부국강병에 힘썼더라면 이 지경에 처하지는 않았겠다."라는 생각을 했을 것이고, 그런 한과 눈물, 비통한 역사 인식이 우리의 빨리빨리 문화를 만들어 냈다고 봅니다. 즉, 빨리빨리 문화에는 역사의 아픔이 도사리고 있는 것입니다. 늦게 시작했기 때문에 지금이라도 빨리빨리 저들을 따라잡아야 한다는 강박 관념의 산물이 아닐까 합니다. '우리의 1년은 세계의 10년'이라는 구호 아래 문자 그대로 '미친 듯이' 또는 '전쟁하듯이' 일을 해 온 거지요.

그 결과 서구에서는 최소 150년에서 200년은 걸렸을 변화를 불과 30~40년 만에 이뤄 냈고, 2021년 1월 기준으로 G7 중 하나인 이탈리아를 제친 세계 10위의 경제 대국이 되었습니다. 우리의 근현대사가 불확실성으로 점철된 시대였기 때문에 우리는 본능적으로 불확실성에 대한 공포감을 갖고 있습니다. 속도 전쟁의 이면에는 바로 그 불확실성에 대한 공포가 자리 잡고 있는 것은 아닐까 싶습니다.

빨리빨리 문화가 바람직하다고 말하는 게 아닙니다. 한국의 빨리빨리 문화는 두 얼굴을 갖고 있다는 점을 지적하고 싶은 것입니다. '역동성'과 '조급성'이라는 두 얼굴입니다. 이것 덕에 수많은 위기를 극복하면서 여기까지 왔고, 또 이것 때문에 가끔씩 세계인의 놀림감이 되고 있습니다. 그렇다면 그중 좋은 것은 살리고, 나쁜 것은 줄여 나가면 되는 게 아닐까요? 우리 스스로 역동성은 놓지 않으면서 조급증에서는 벗어나도록 노력할 일이라고 생각합니다.

하지만 그것 자체를 다시 '빨리빨리' 할 필요는 없습니다. 성찰과 비판이 필요하되, 그런 성찰과 비판은 조금 더 느긋하고 따뜻한 것이면 좋겠습니다.

"왜 이렇게 급하니?"라고 핀잔을 주기보다는 "뭐가 그렇게 급했니?"라고 위로하고 치유하는 시간이 필요합니다. 생각해 보면 우리 민족은 위로가 필요한 민족인 것 같습니다.

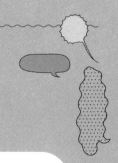

빠리빠리 문화는 없어져야 해.
수많은 산업 재해나 수도권 집중화,
대학 서열화도 모두 이 문화의 소산이야.

그나마 빠리빠리 문화가 있어서
우리나라가 이만큼 발전한 거 아닐까?

엘리베이터 타고 나서 닫힘 버튼을
계속 누르는 사람은 우리나라 사람들뿐이래!

빠리빠리 문화를 무조건 없애기보다는
우리나라의 특성에 맞게 조절해 가야 한다고 봐.

주영이는 감정이 복받치는지 마지막 대목에서 눈가가 붉어졌다. 선생님도 마침 비슷한 생각을 했던 모양이다. 표정이 주영이와 비슷해졌다.

"선생님이나 그 윗세대는 여러분보다 훨씬 더 심했습니다. 모든 게 다 경쟁이었죠. 아침에 일어나서 화장실 가는 것도 빨리 안 가면 안 됐으니까요. 하루 종일 쉴 틈이 별로 없었습니다. 줄을 서야 하고, 경쟁을 해야 하니까요. 그러다가 조금 늦으면, 경쟁에 뒤처지면 병이 납니다. 이걸 '화병'이라고 합니다. 1996년에 미국 정신과협회에서는 화병을 한국에서만 볼 수 있는 특이한 정신 질환이라고 정식으로 기록했습니다. 'Hwabyung(화병)' 이렇게 말이지요. 자, 이제 좀 천천히 갈 때가 된 것 같습니다. 병을 고쳐야겠지요. 그 사실만큼은 현우나 주영이 모두 동의하는 거지요?"

선생님의 말에 반 아이들이 모두 박수를 쳤다. 너무 세지도 너무 약하지도 않게.

토론 시간이 끝나고 나면 우리는 언제부턴가 창밖을 보는 버

룻이 생겼다. 오늘은 다들 화장실 가는 것도 잊어버리고 가을이
끝나 가는 운동장을 오래도록 응시했다.

우리는 모두 얼마나 열심히 달려온 것일까.

마지막 가을이 천천히 떨어지고 있었다.

생각이 많은 10대를 위한
토론 수업

초판 1쇄 발행 2022년 4월 18일
초판 4쇄 발행 2023년 11월 13일

글 | 김희균
그림 | 백두리
펴낸이 | 한순 이희섭
펴낸곳 | (주)도서출판 나무생각
편집 | 양미애 백모란
디자인 | 박민선
마케팅 | 이재석
출판등록 | 1999년 8월 19일 제1999-000112호
주소 | 서울특별시 마포구 월드컵로 70-4(서교동) 1F
전화 | 02)334-3339, 3308, 3361
팩스 | 02)334-3318
이메일 | book@namubook.co.kr
홈페이지 | www.namubook.co.kr
블로그 | blog.naver.com/tree3339

ISBN 979-11-6218-199-7 43300